JAPANESE STOREFRONT
Coloring Book

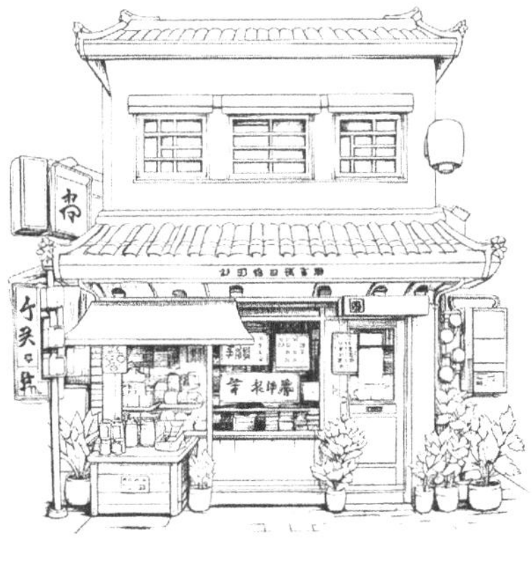

Step into the enchanting world of Japan with the "Japanese Storefront Coloring Book." This unique coloring book offers 50 illustrations of diverse Japanese storefronts on single-sided pages, providing a delightful journey through the captivating charm of traditional Japanese architecture and the vibrant culture it represents. Immerse yourself in art of coloring as you bring these beautiful storefronts to life with your creativity.

manny books
publishing

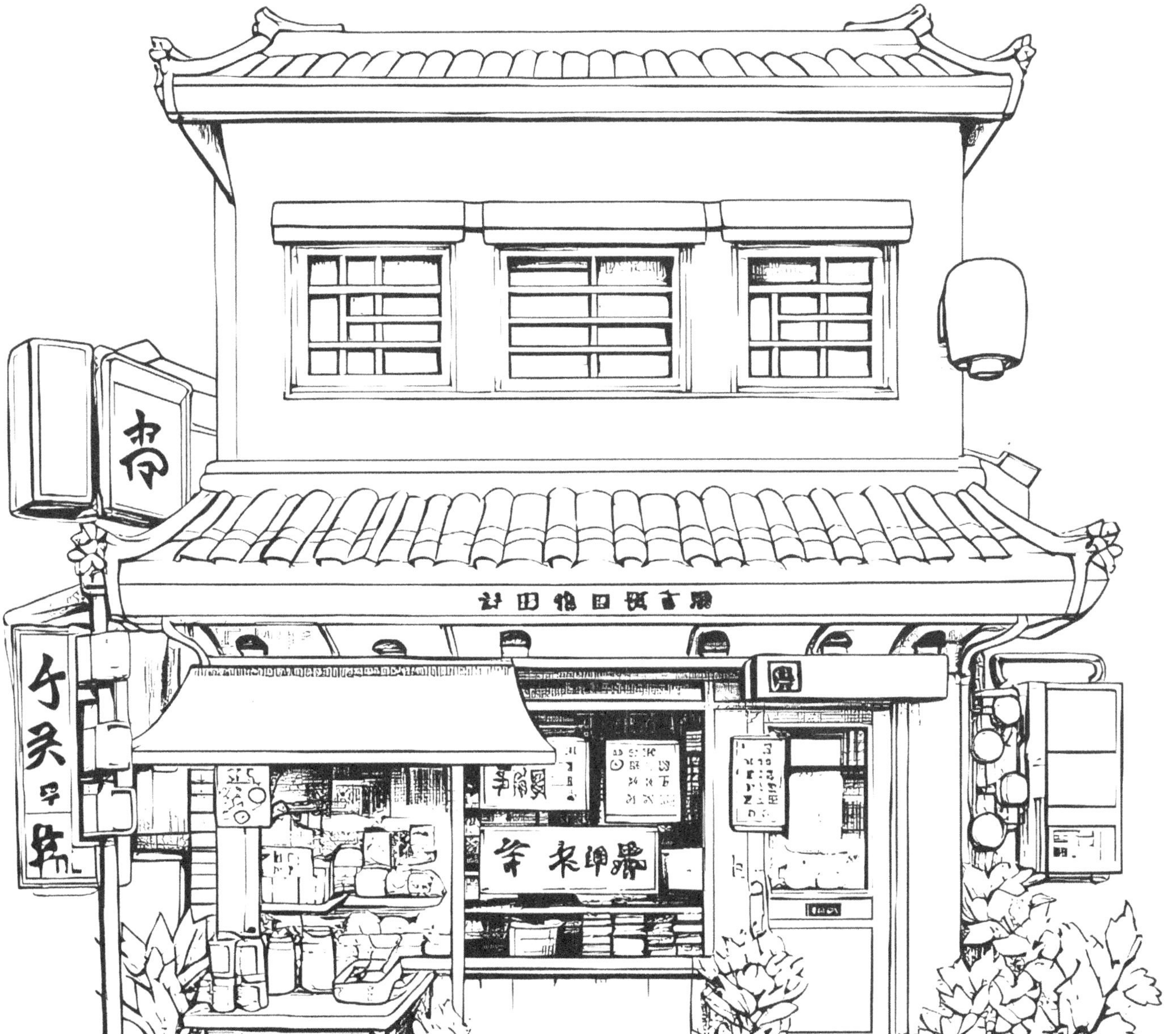

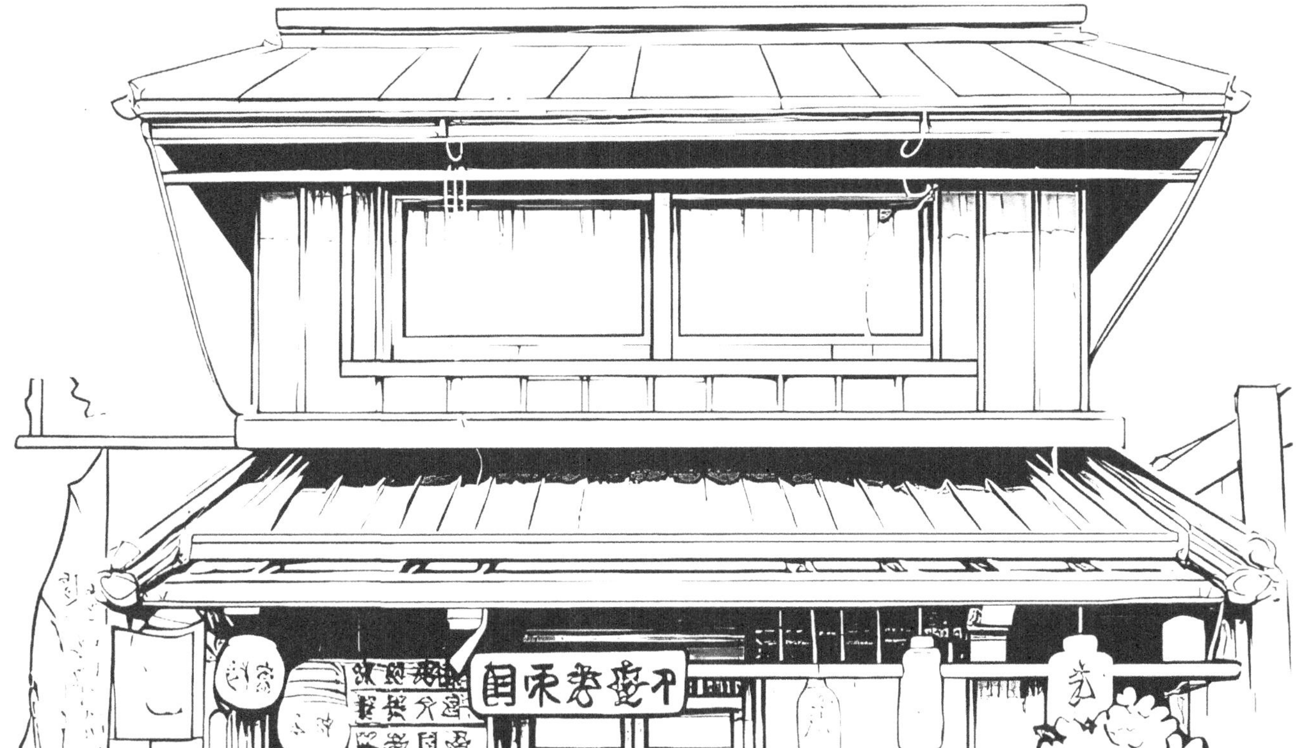

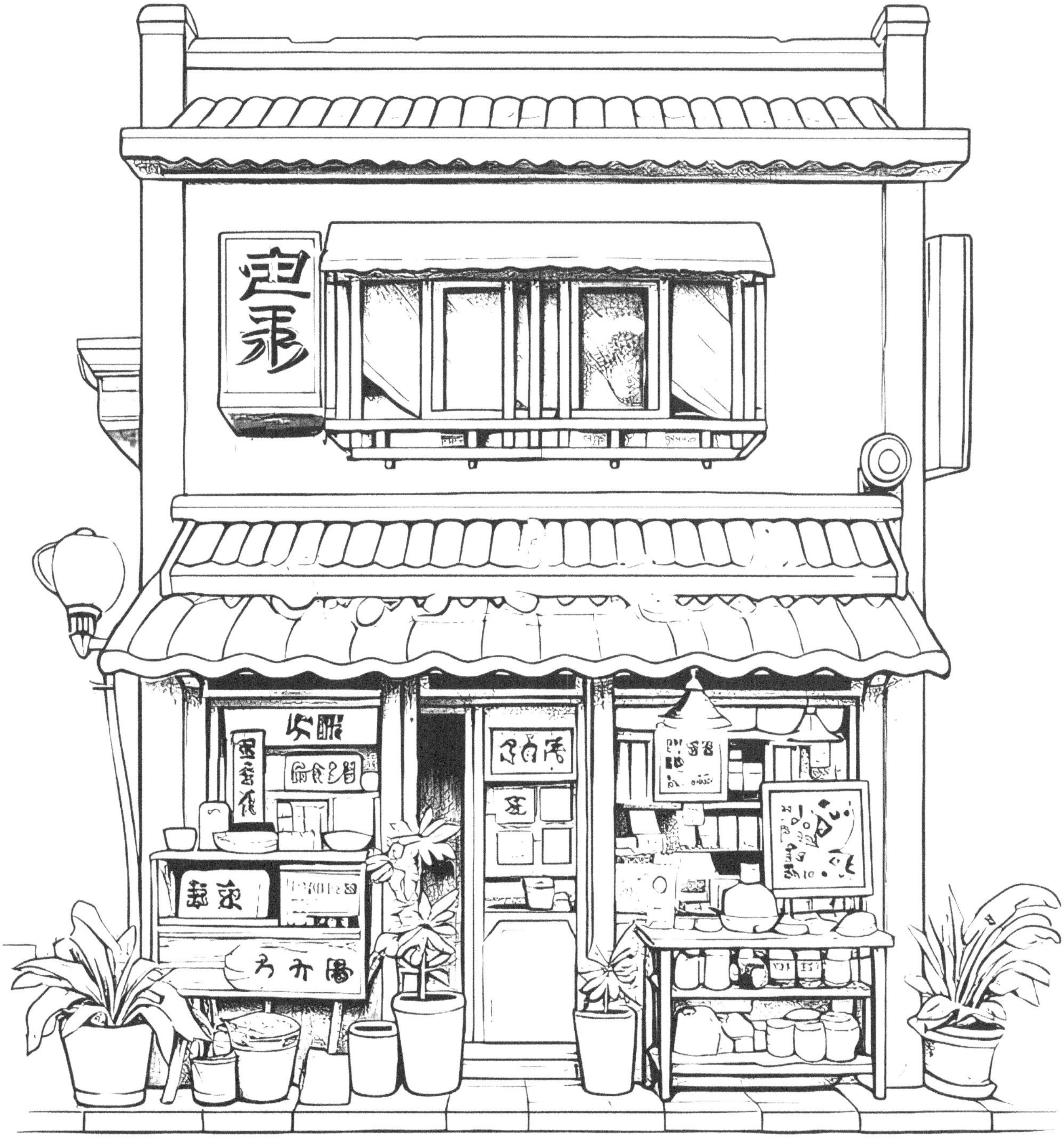

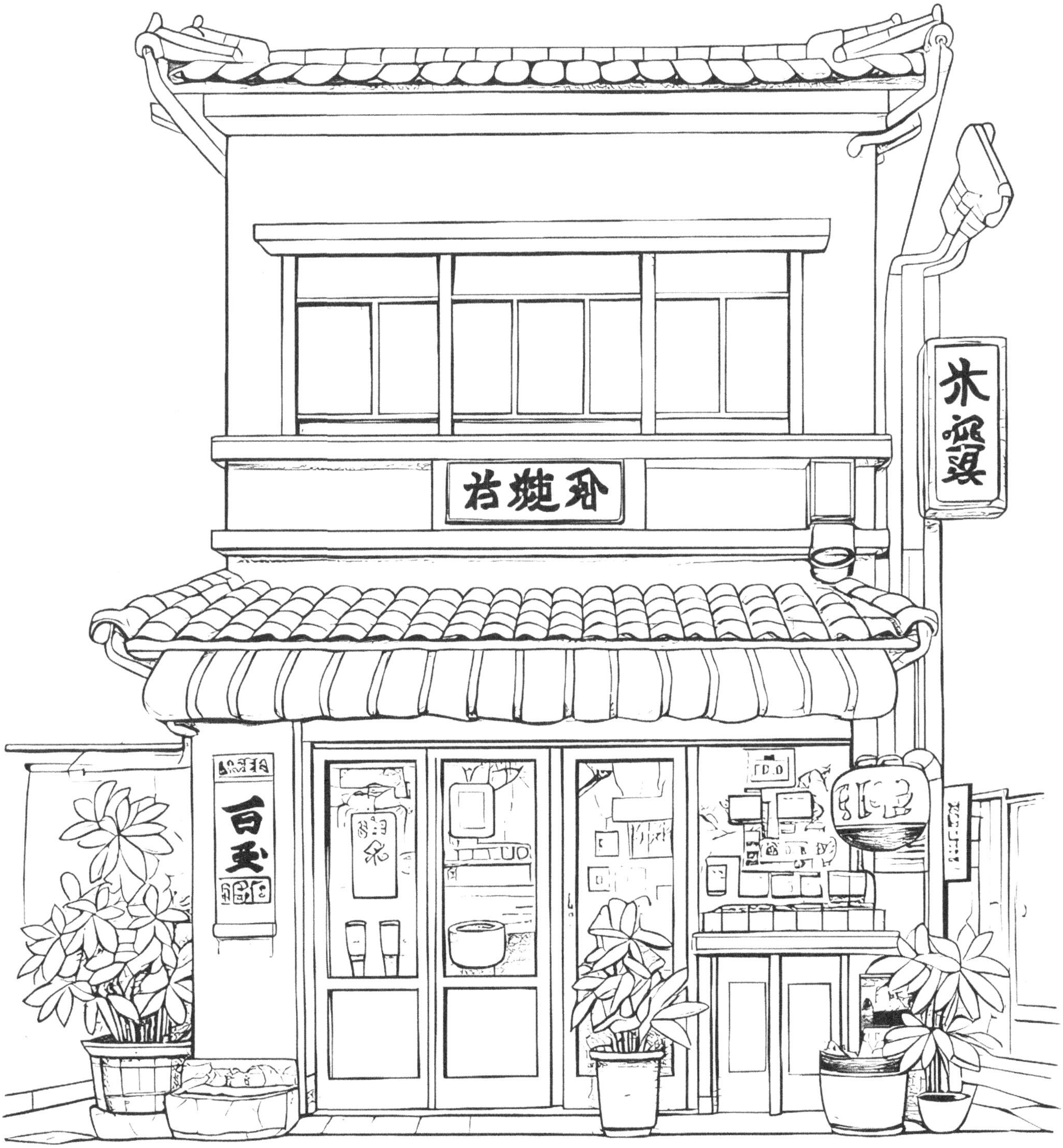

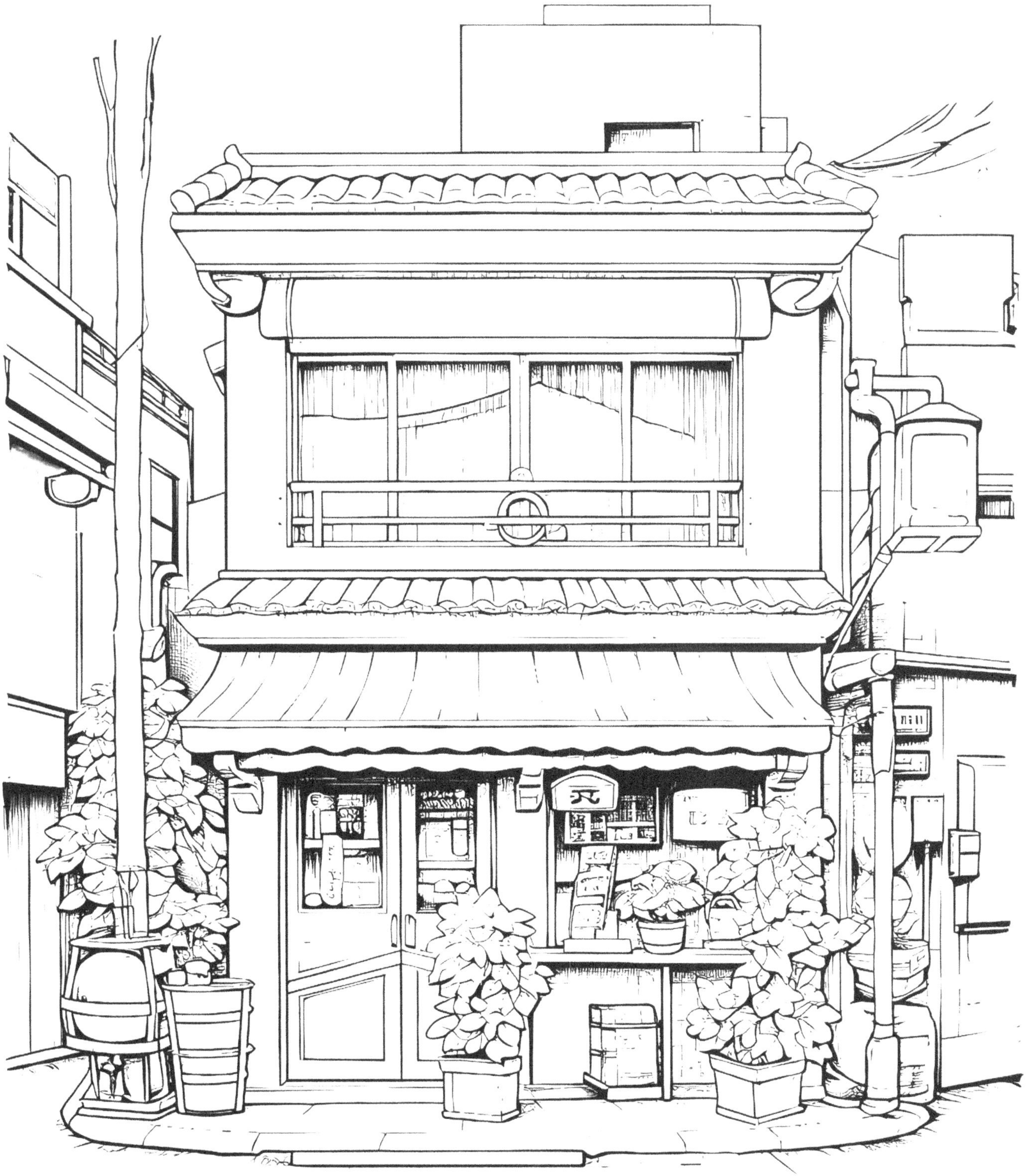

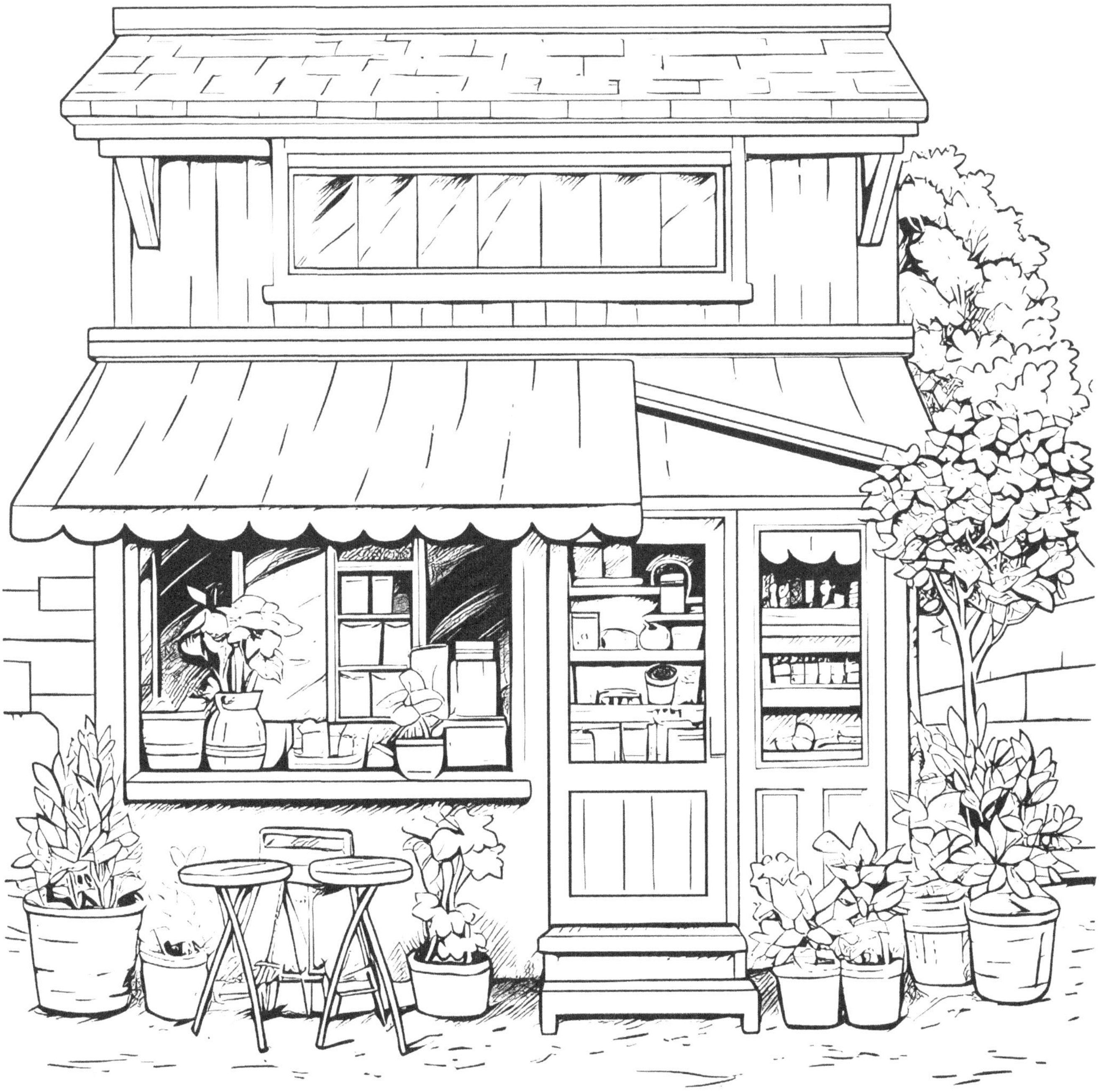

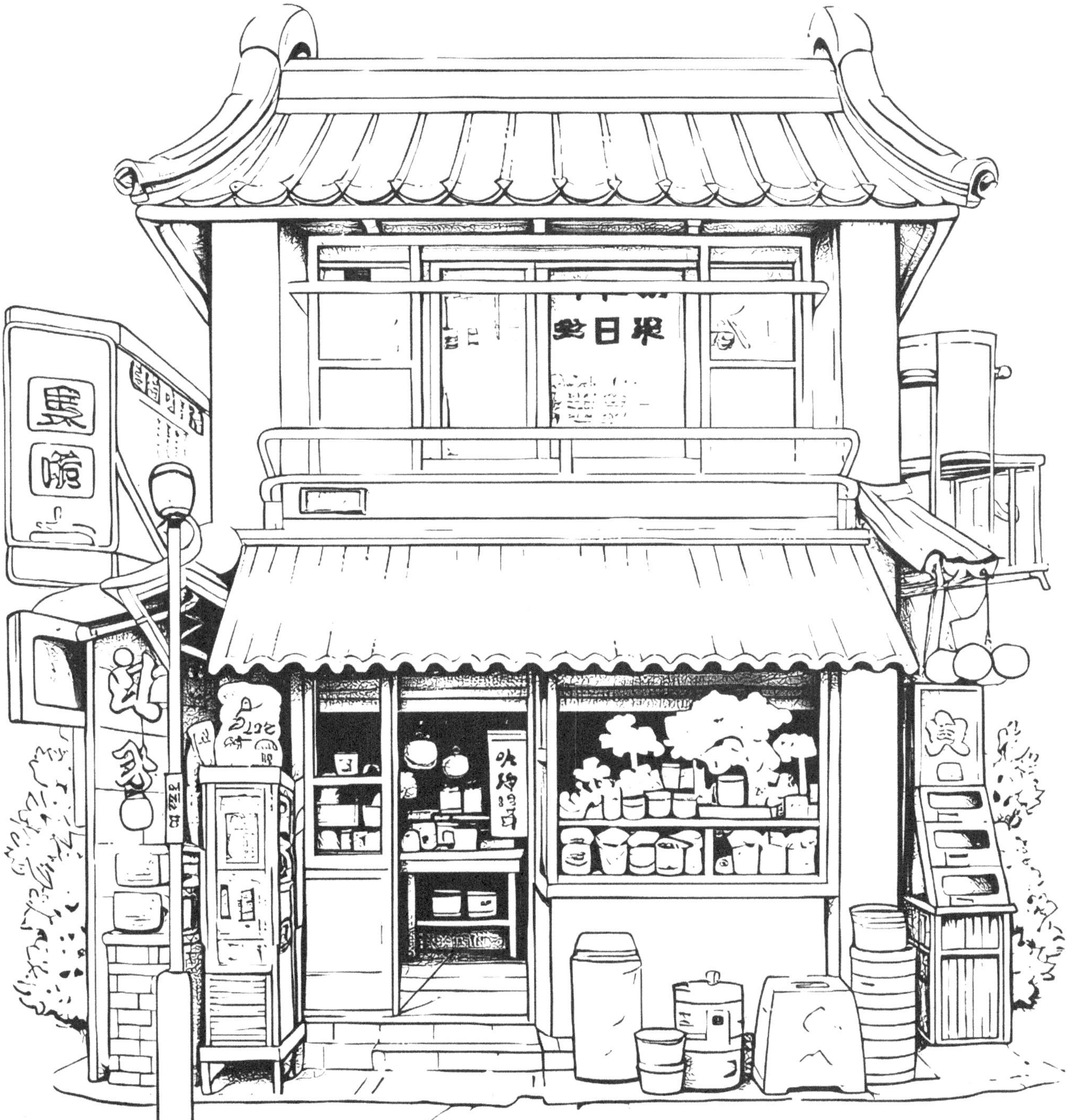

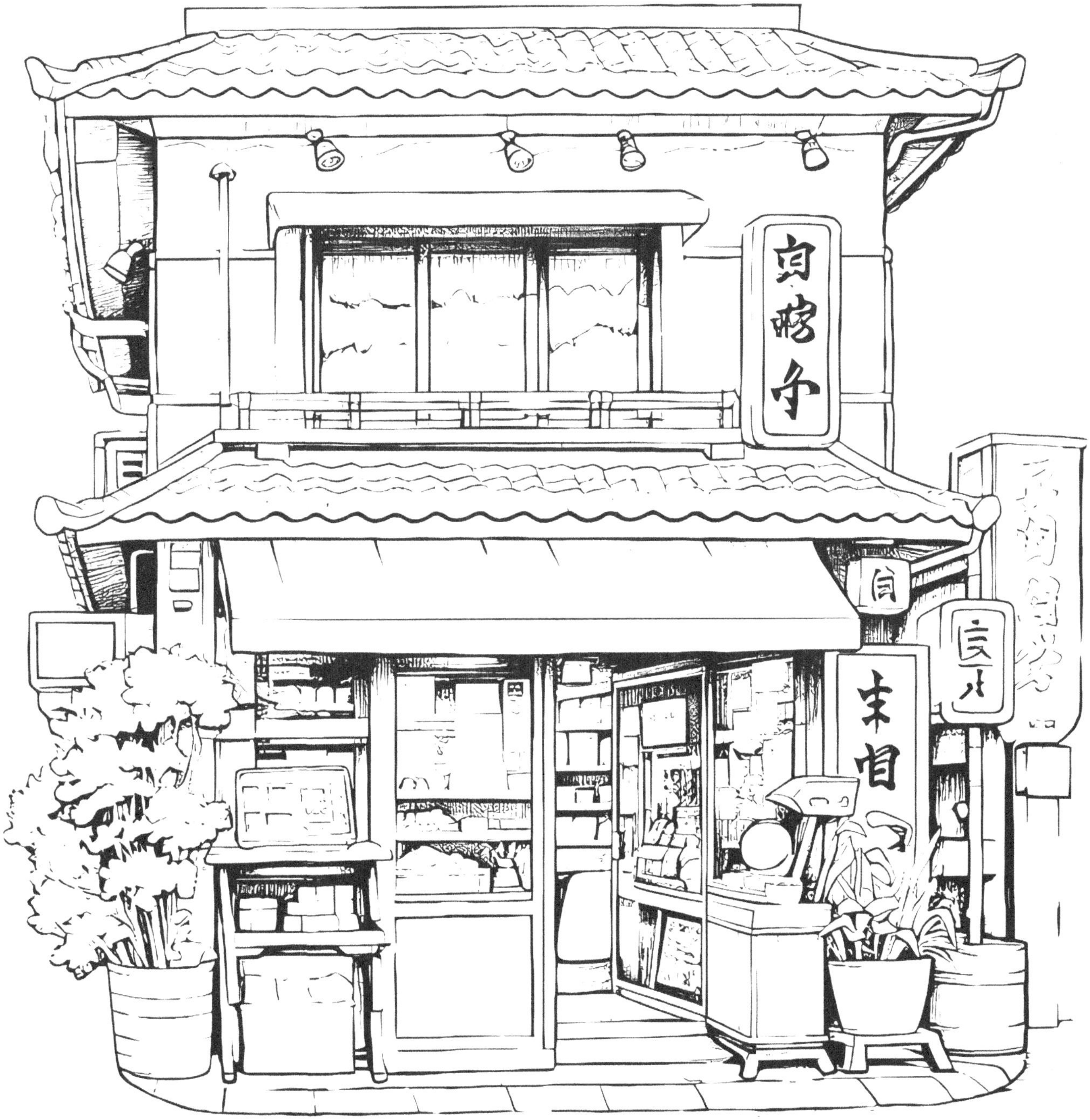

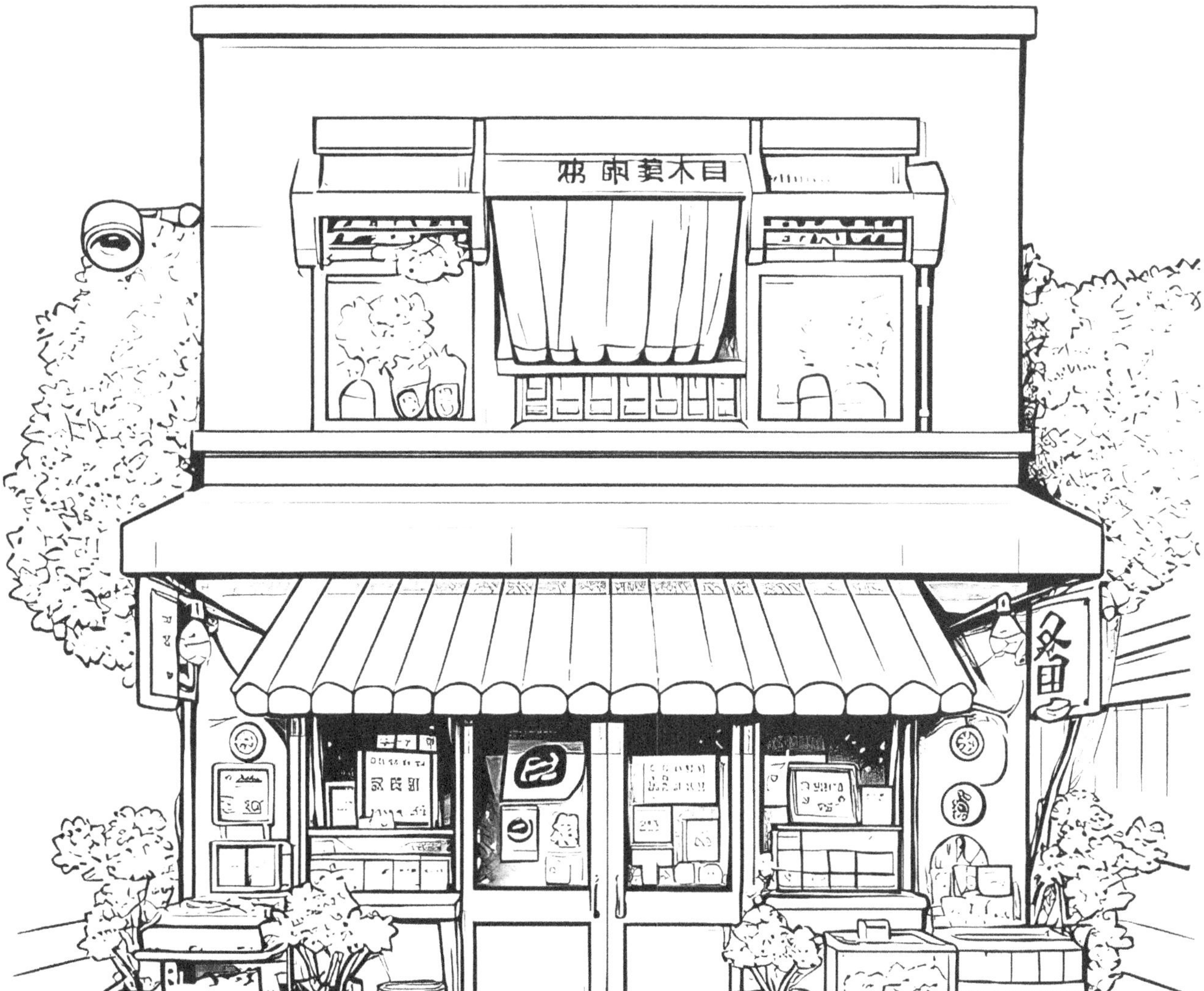

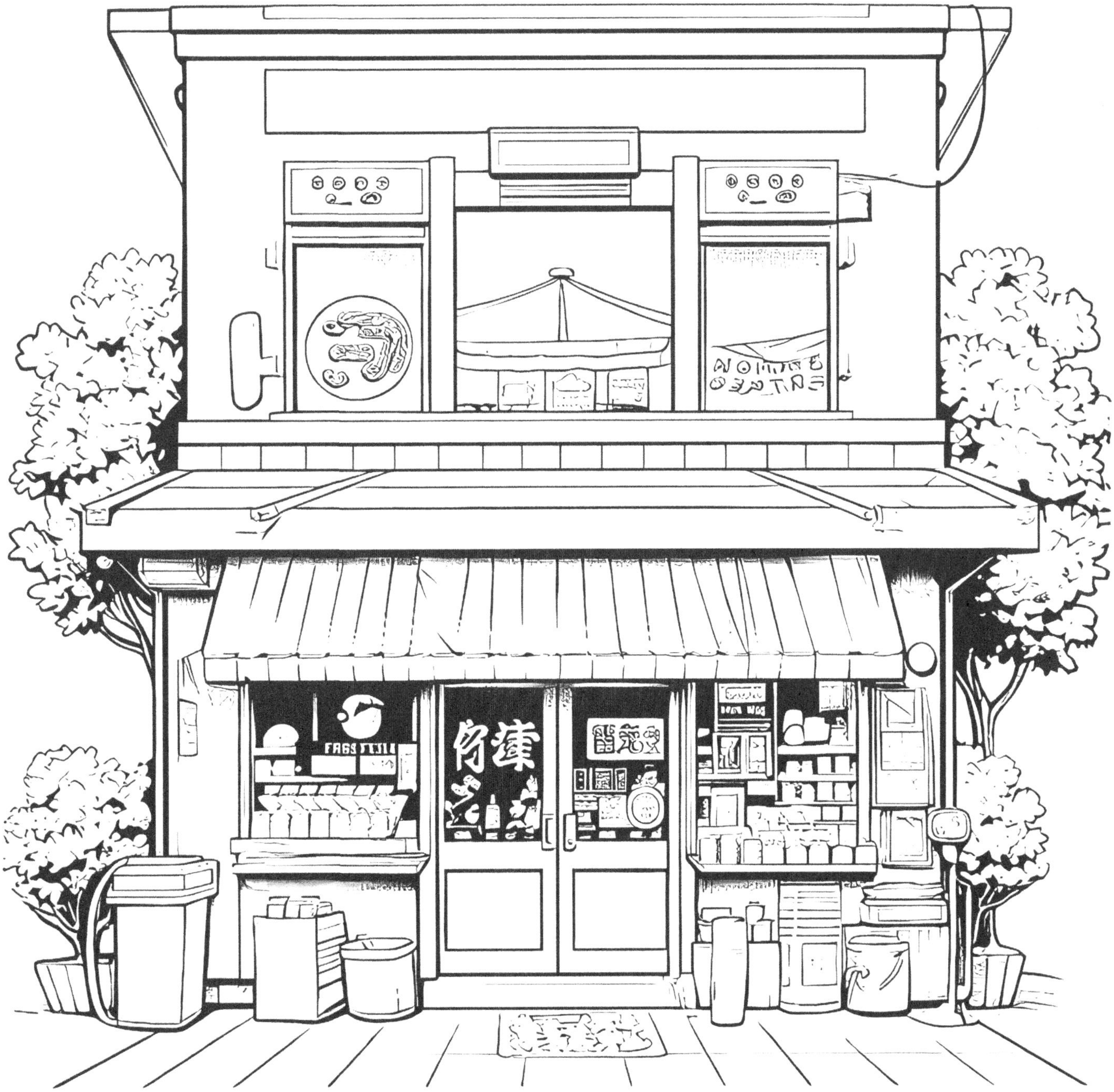

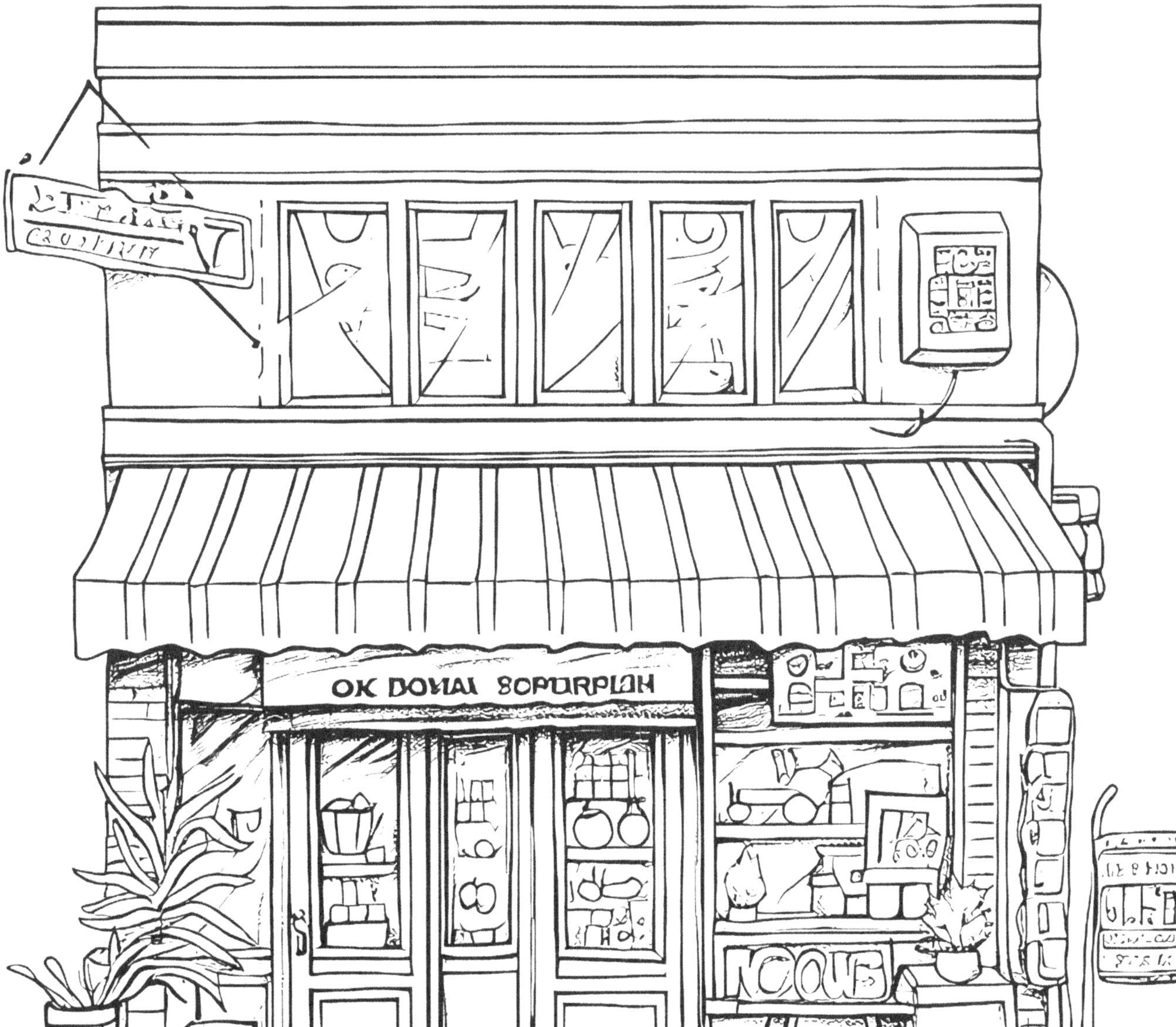

OK DOMAI 8OPURPLAH

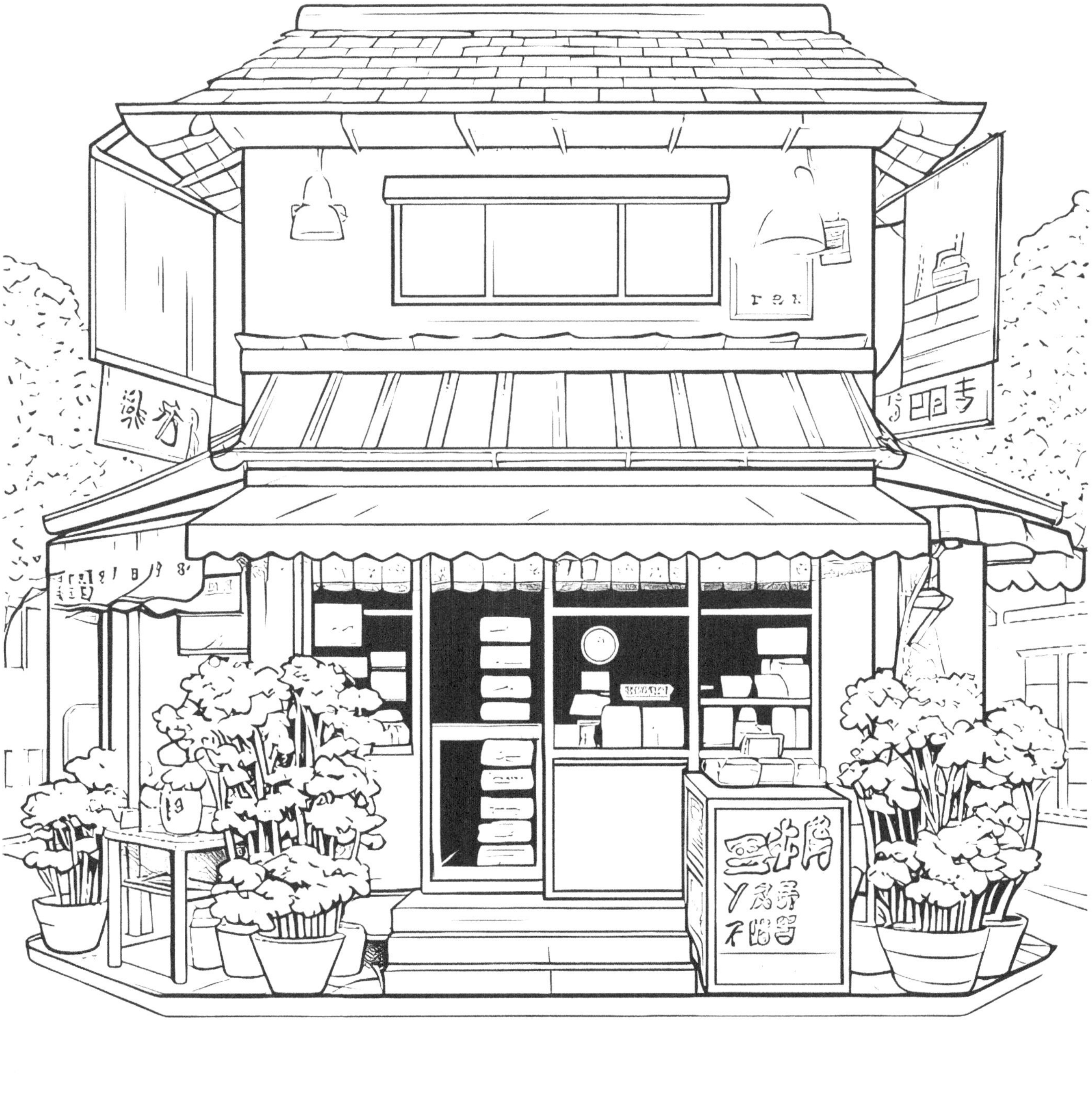

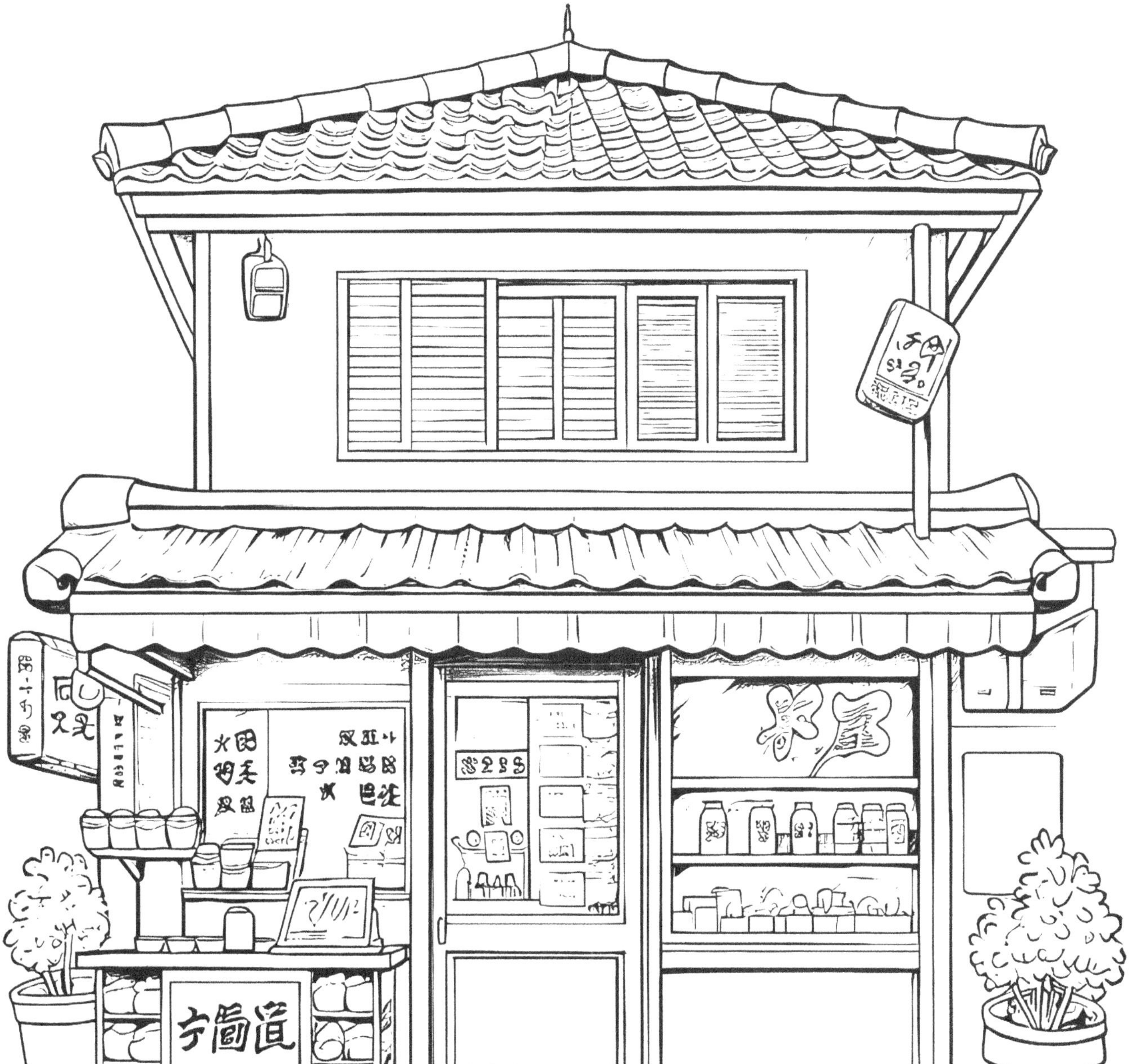

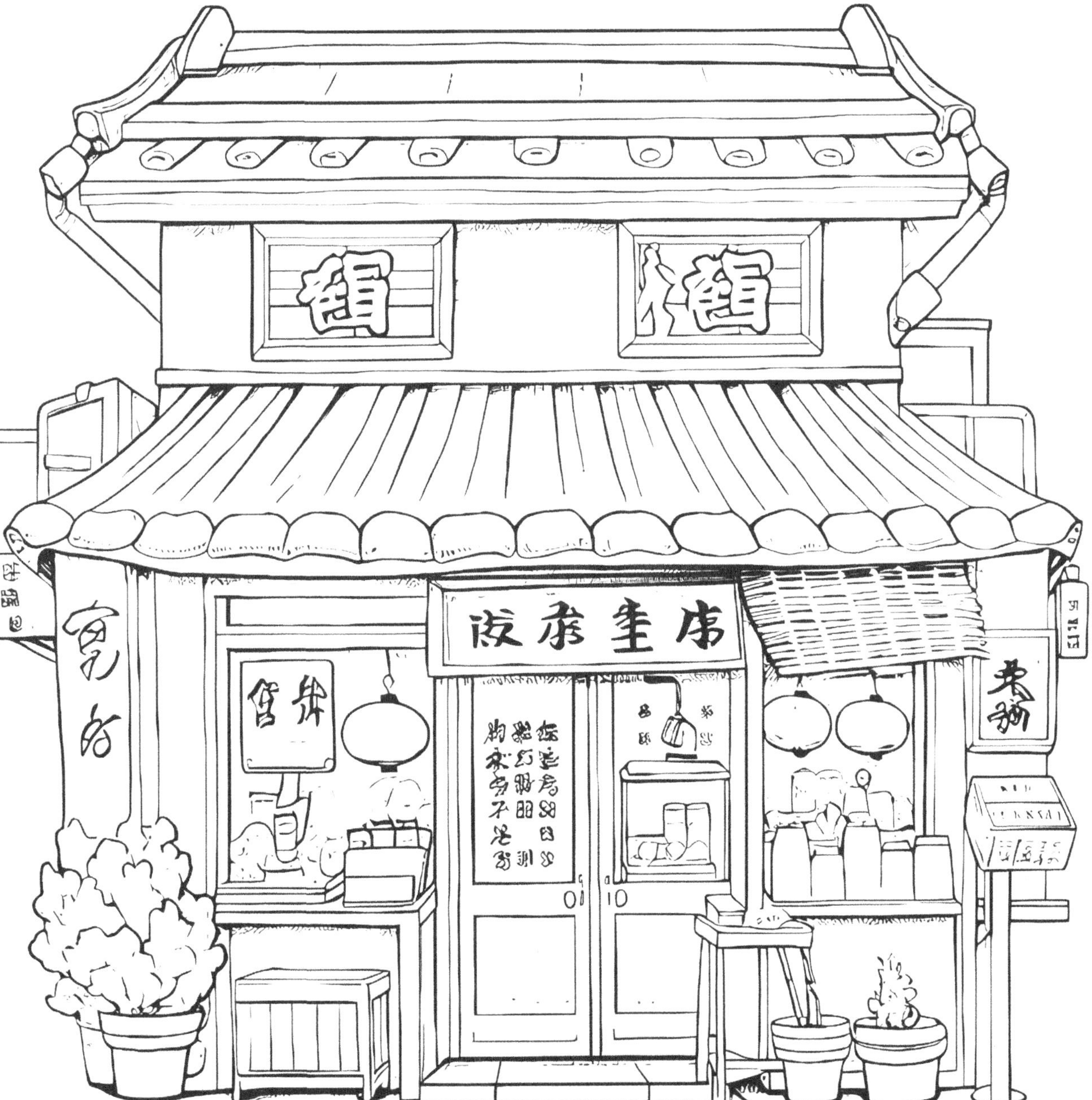

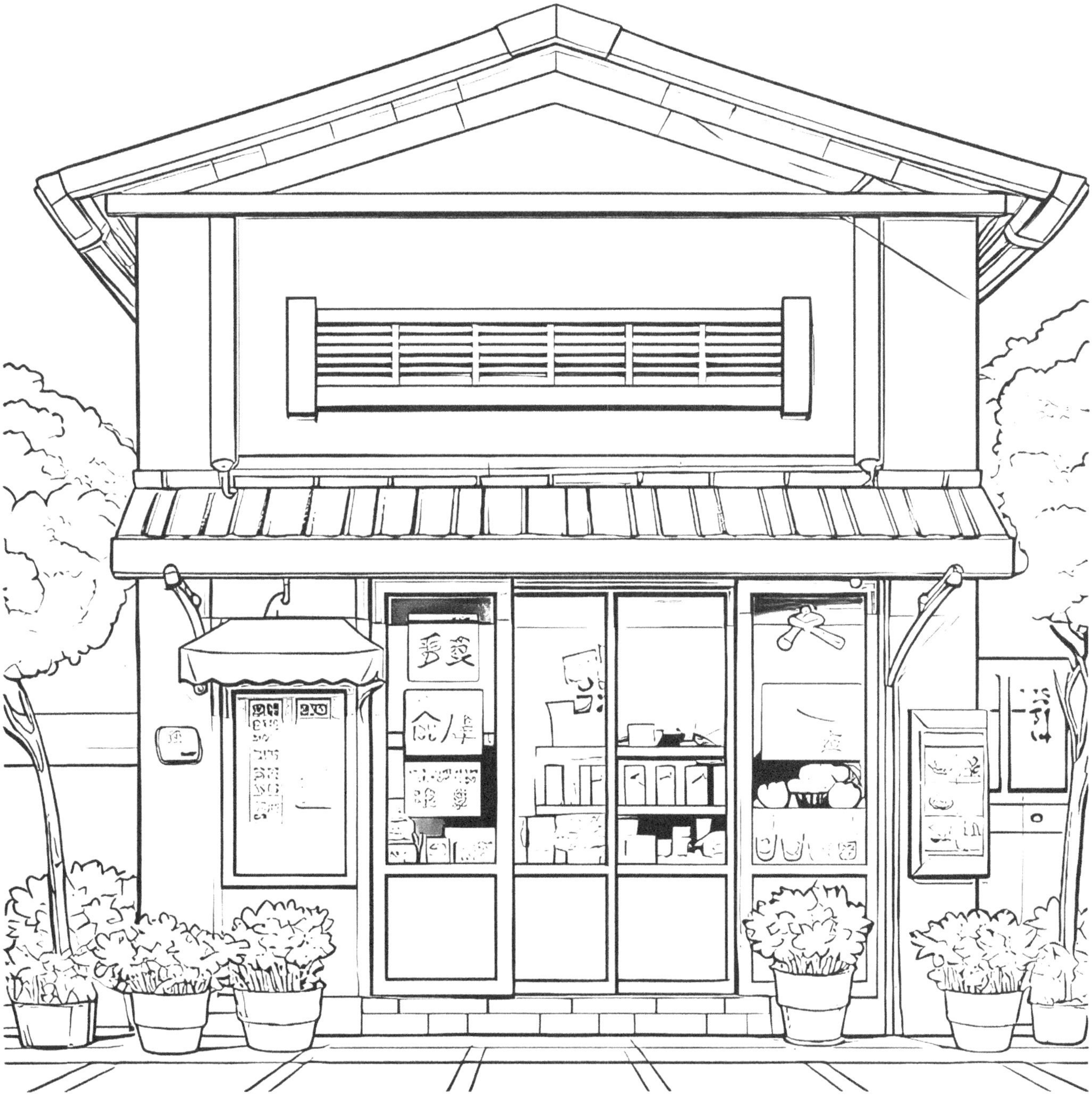

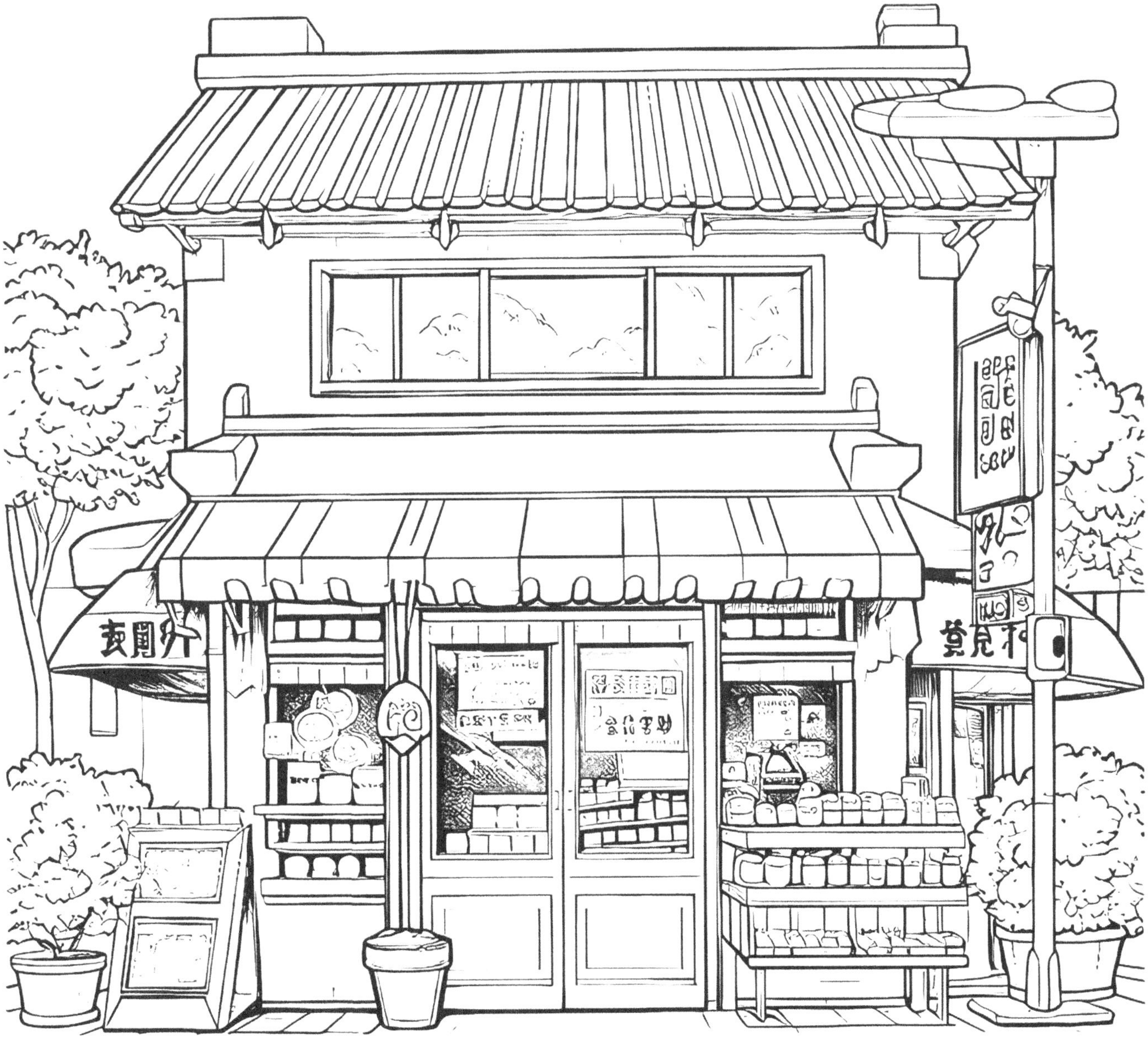

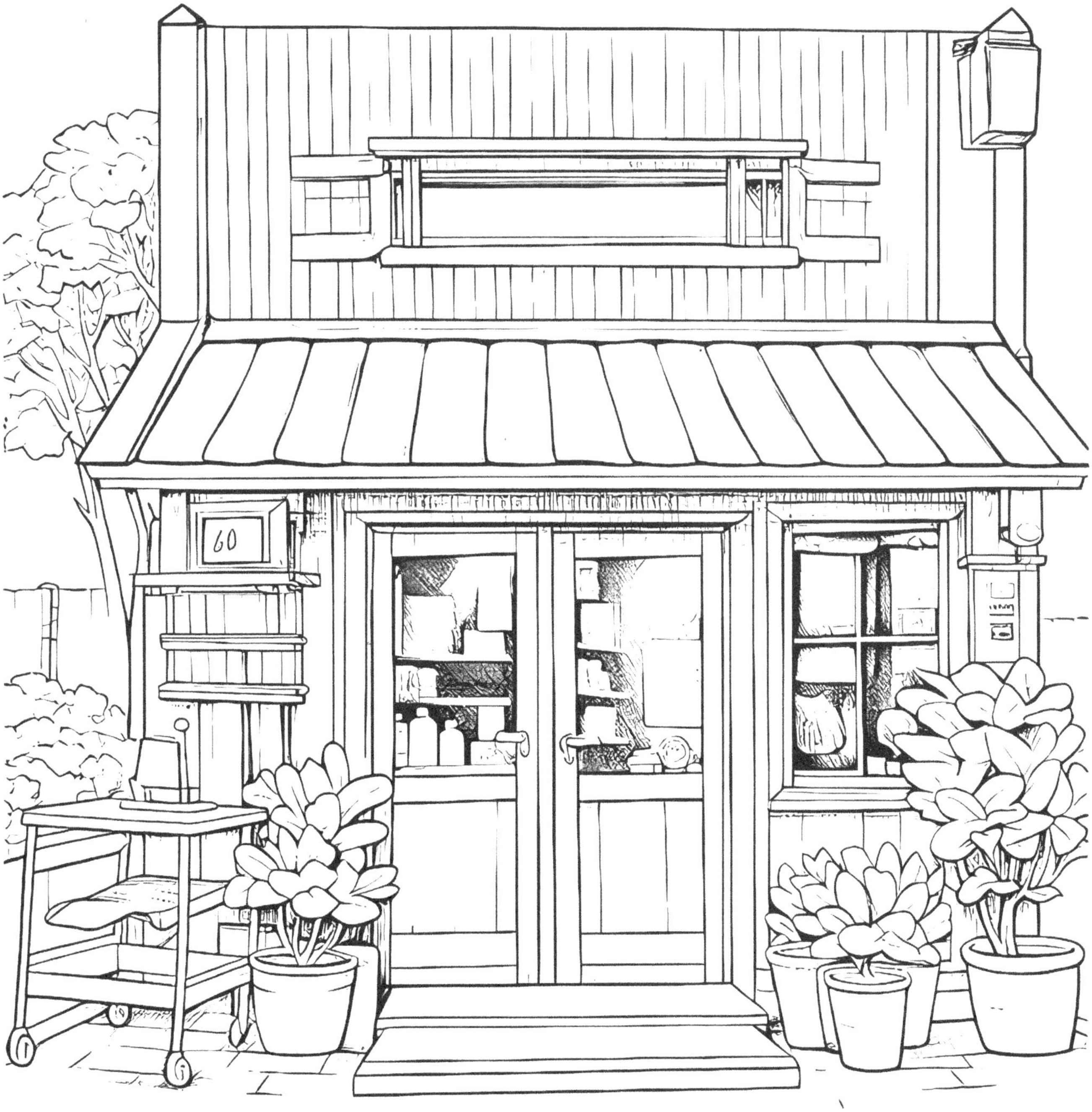
60

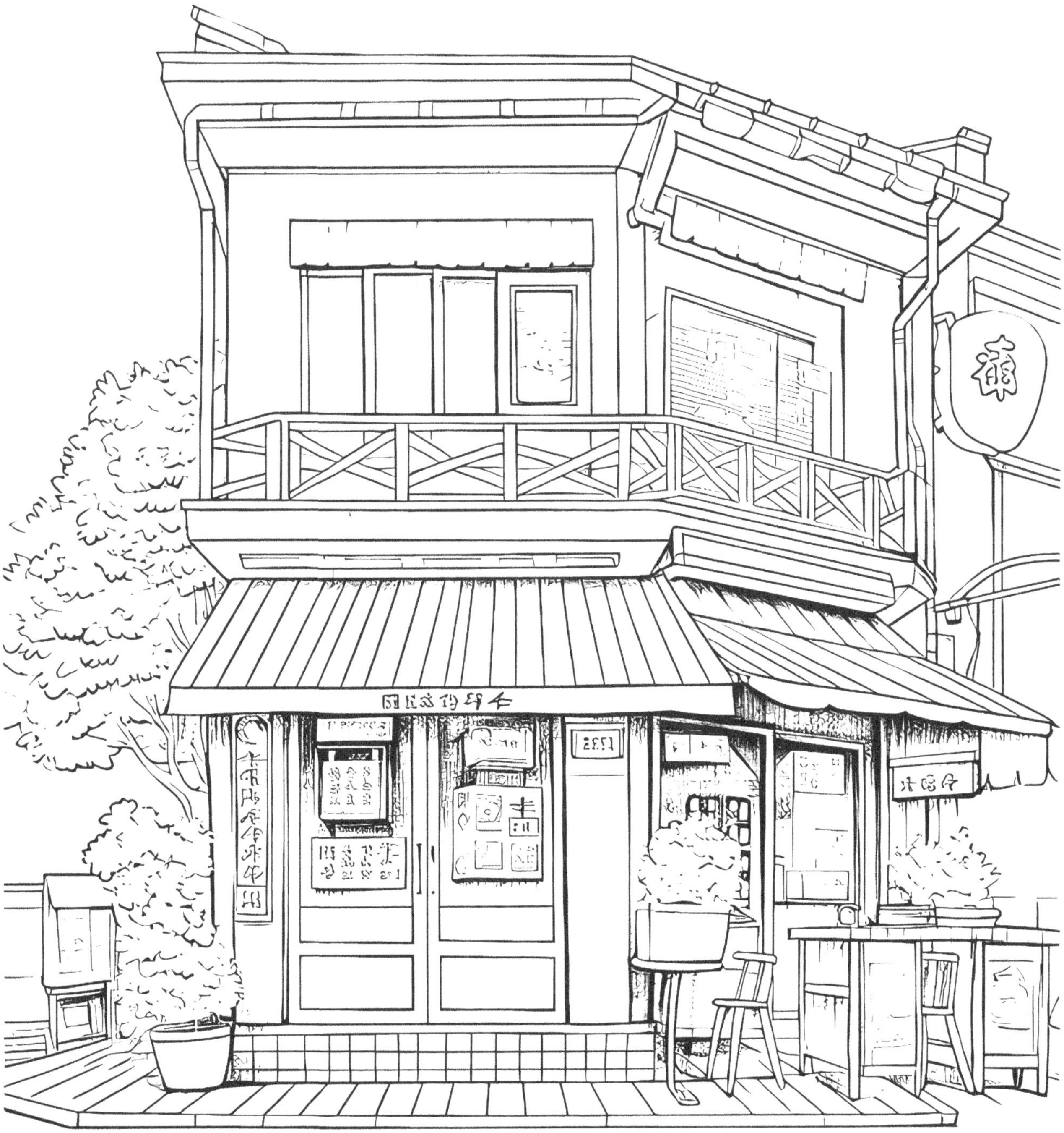

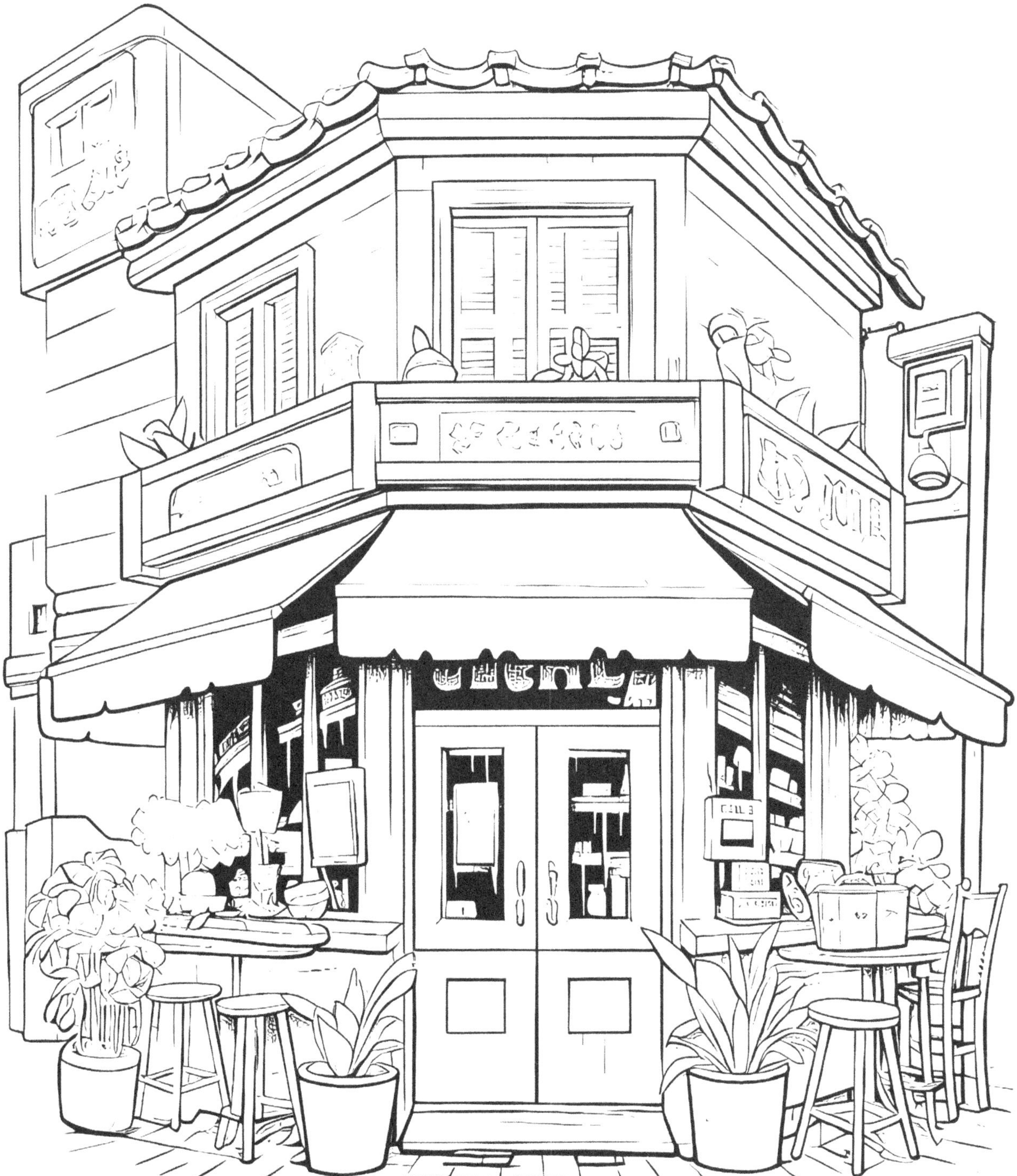

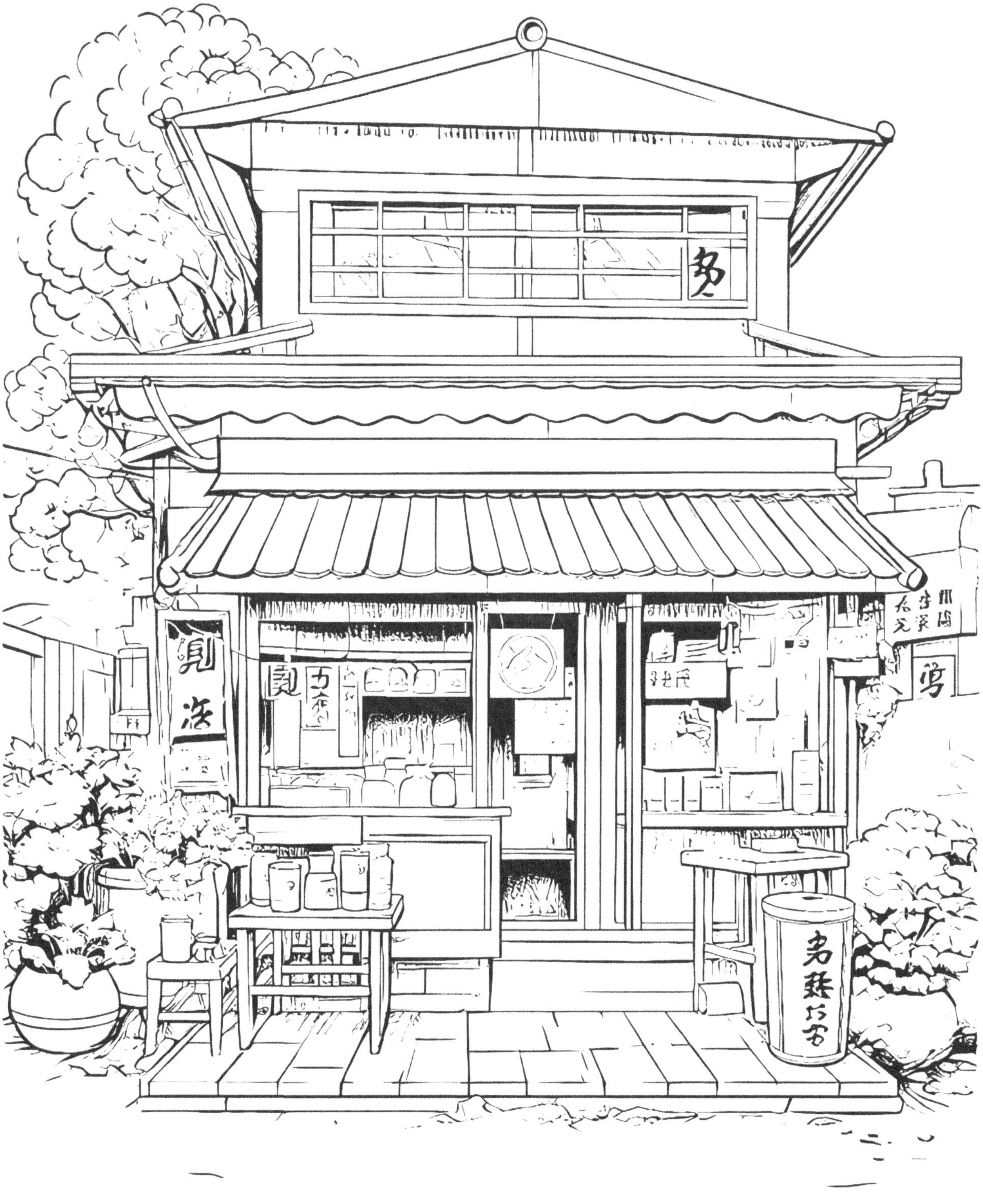

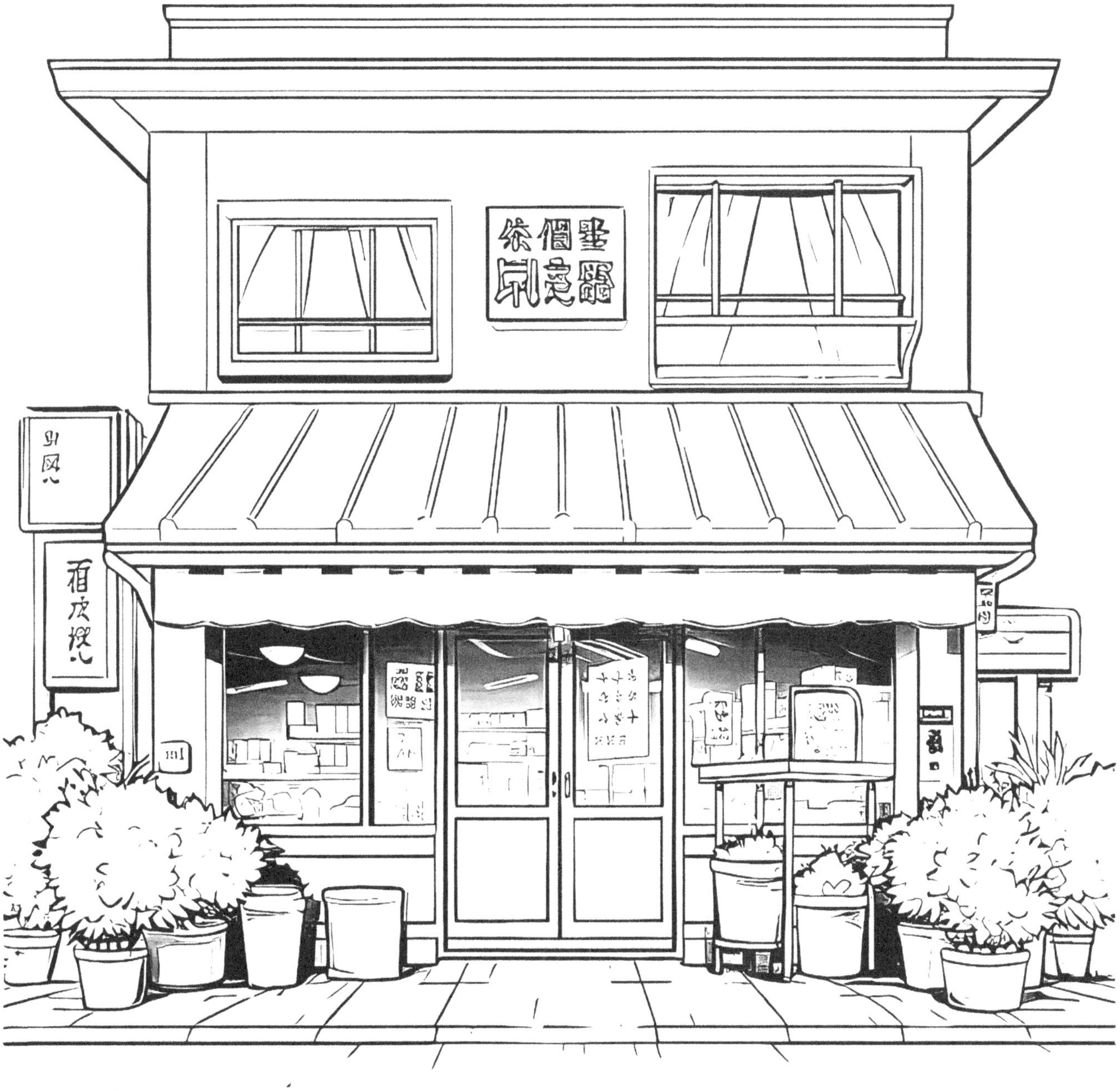

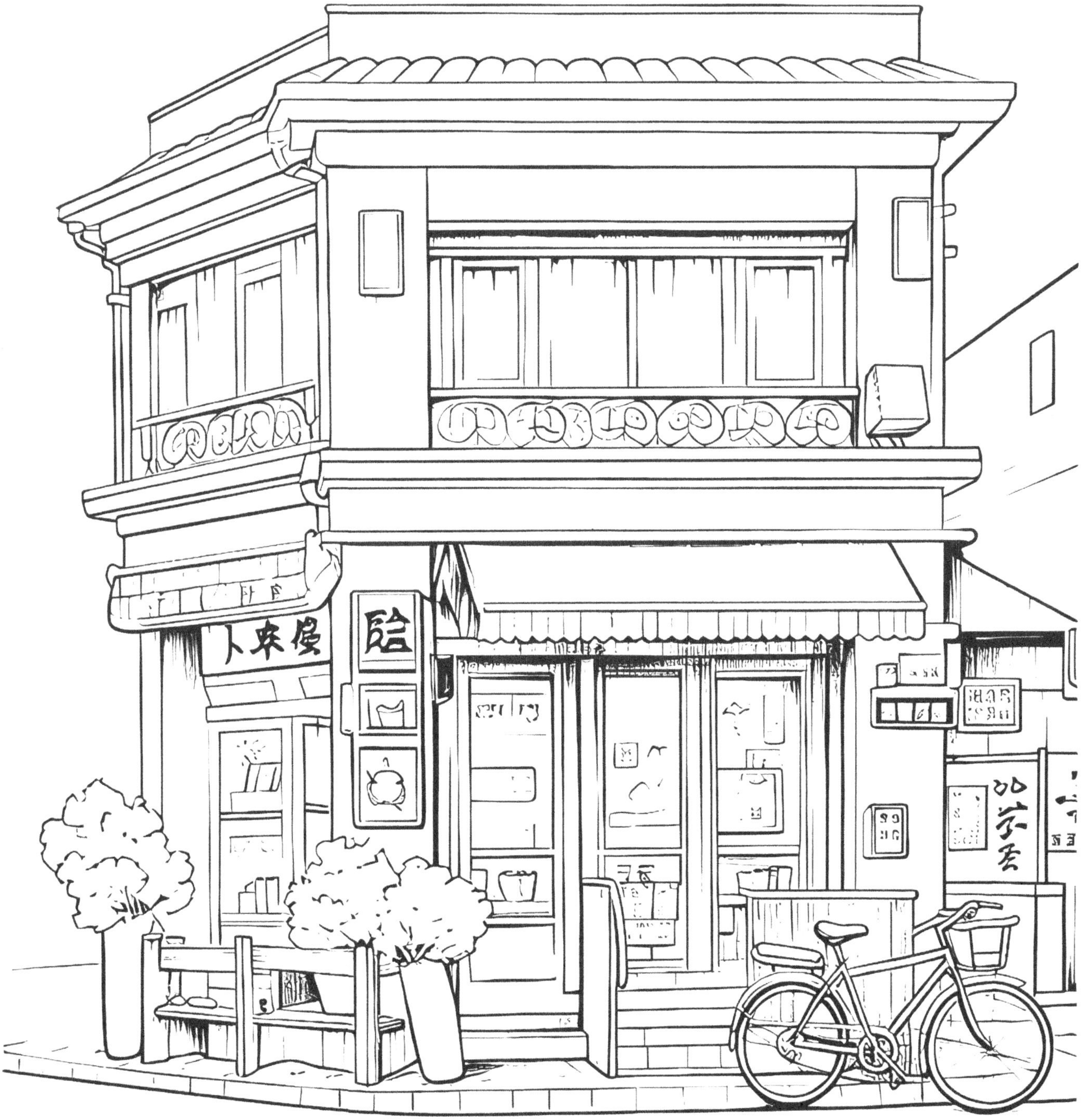

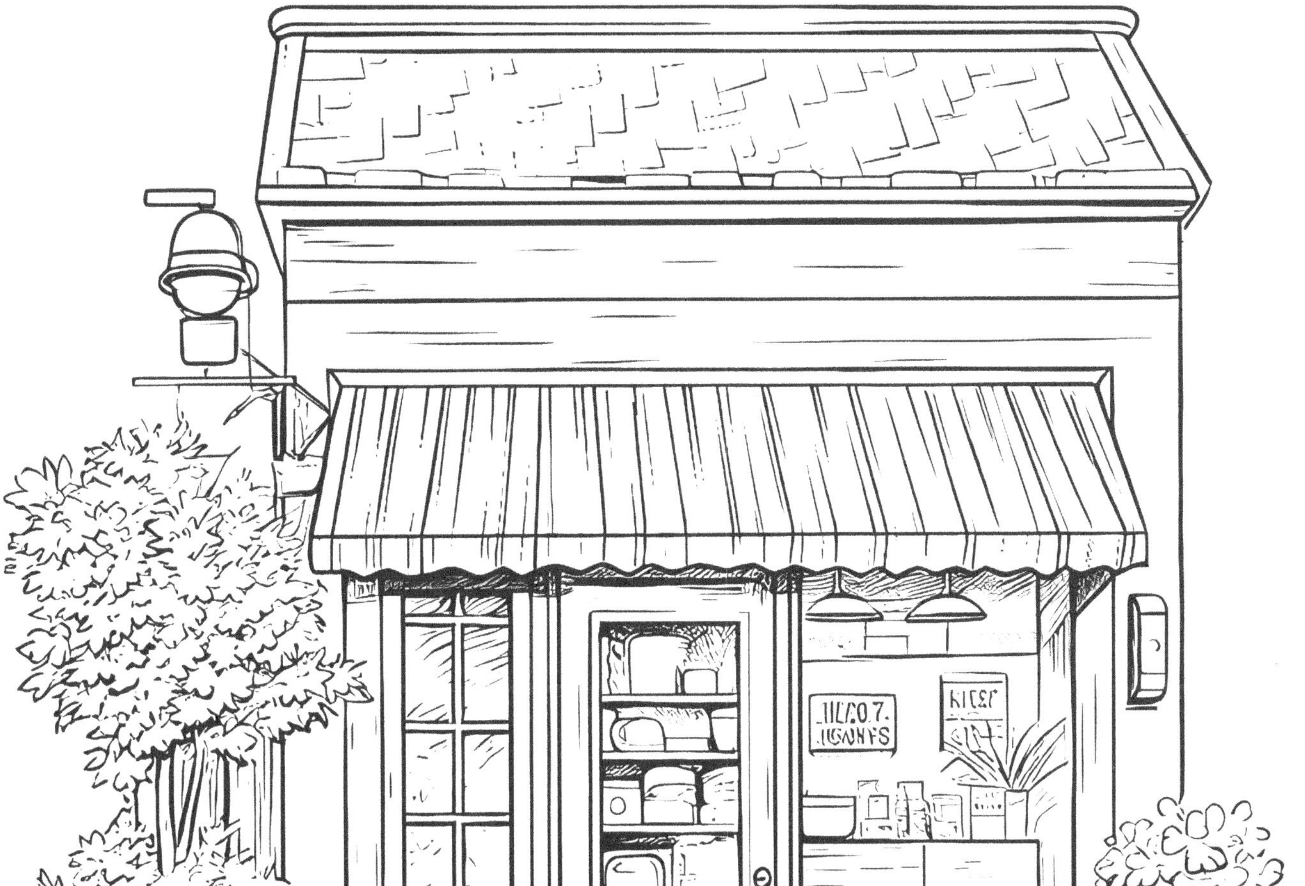

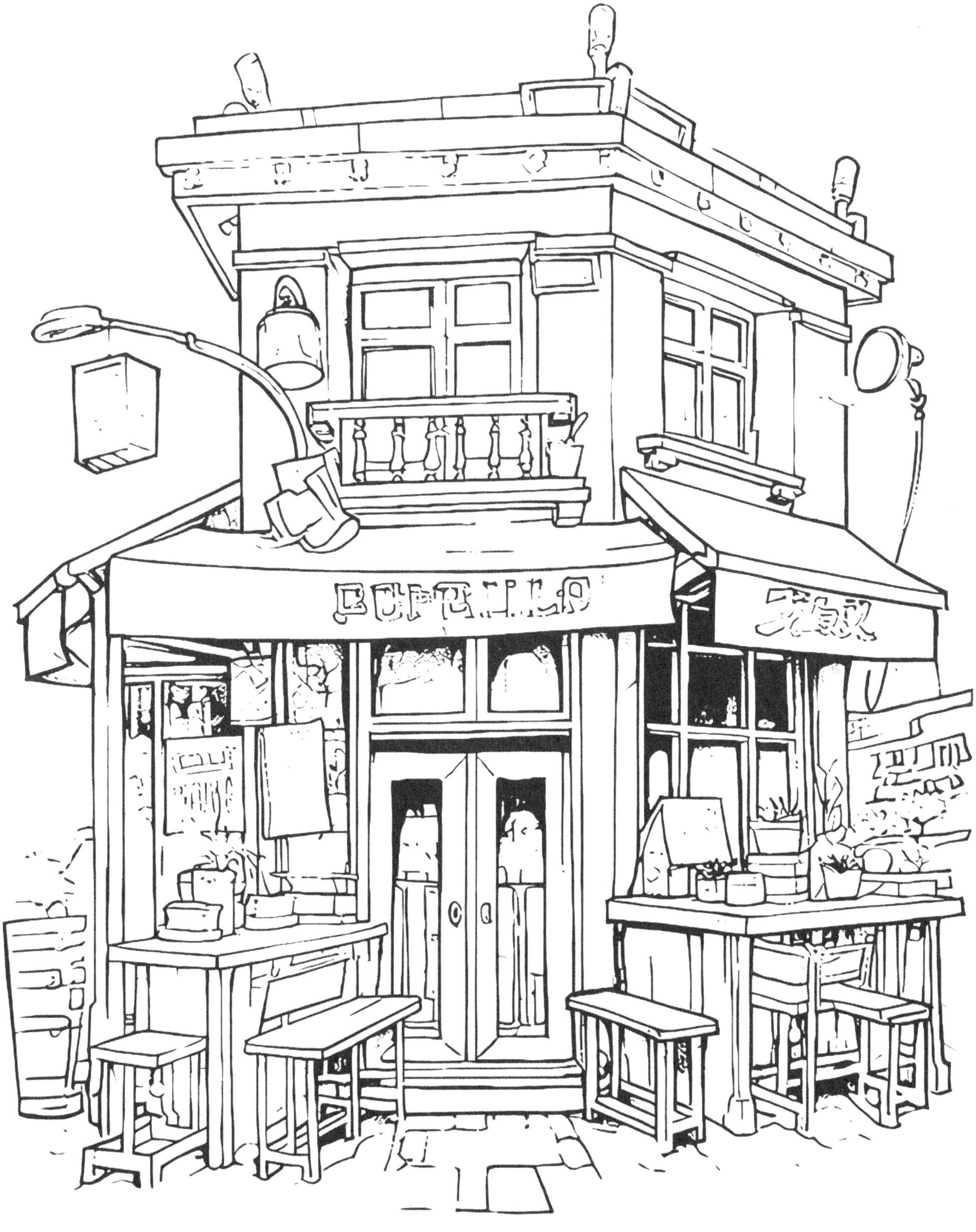

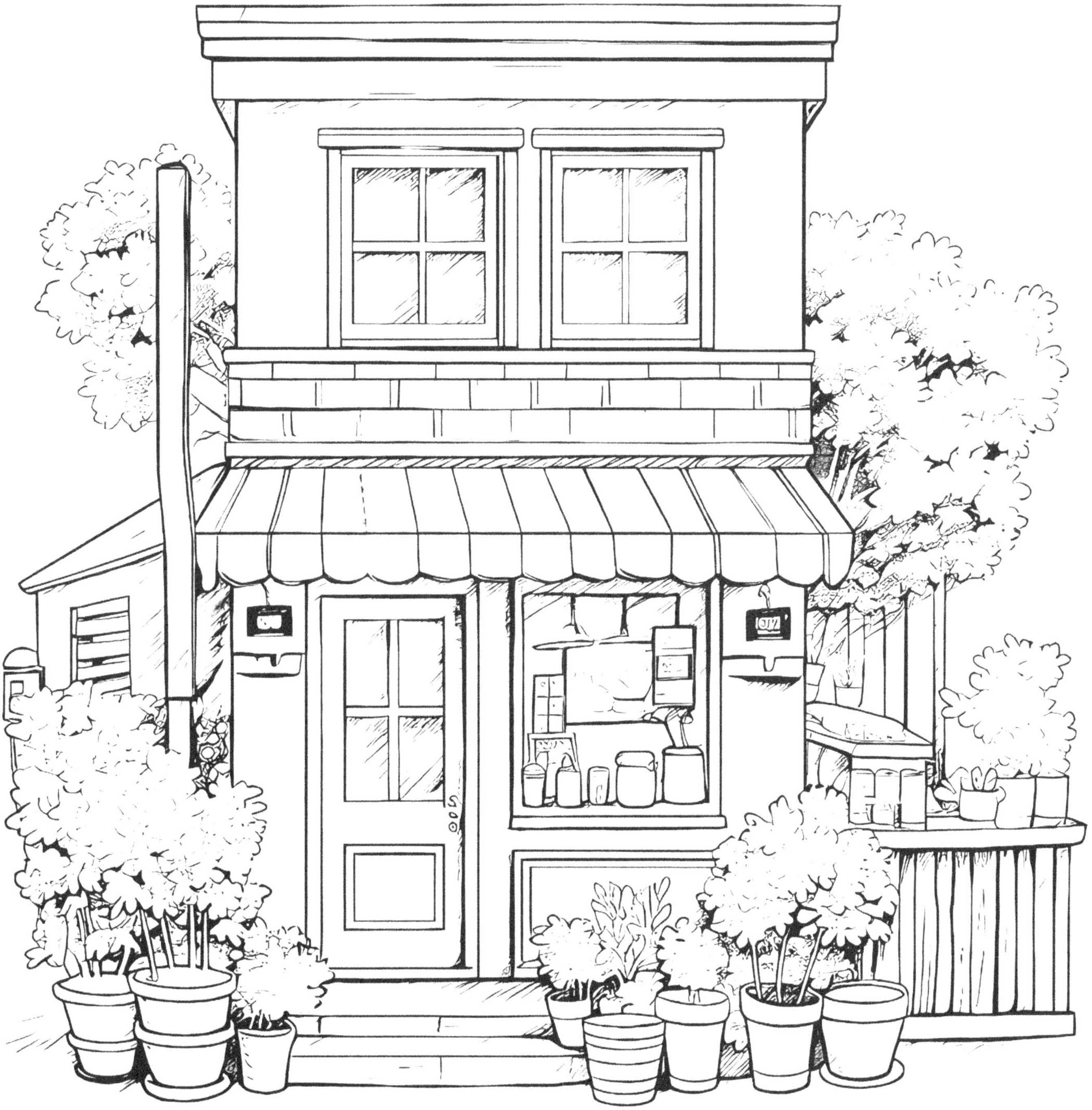

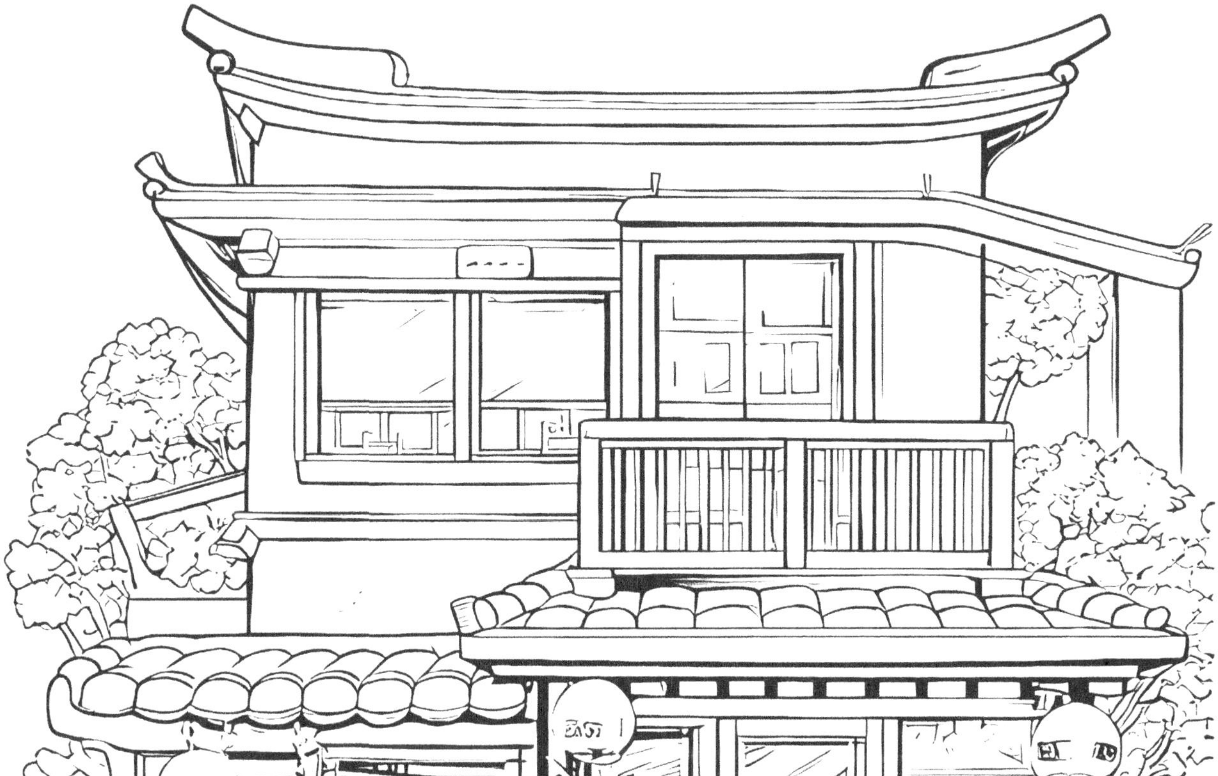

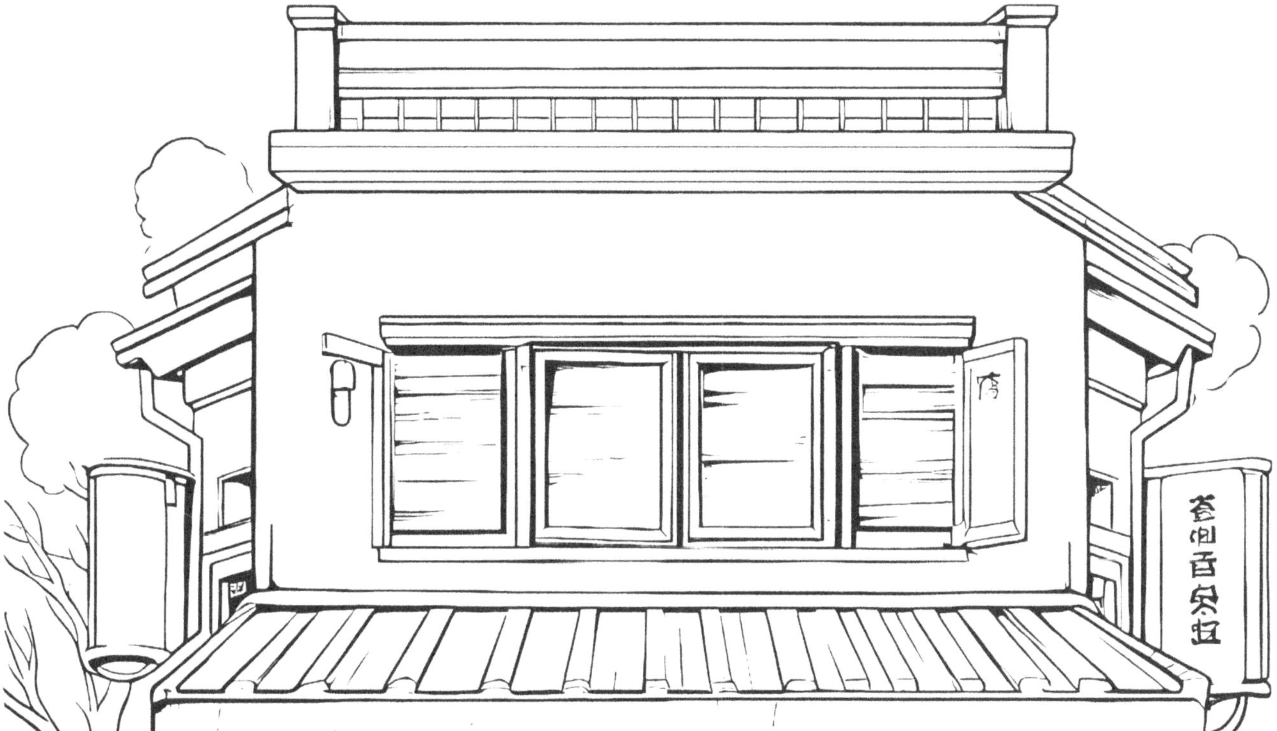

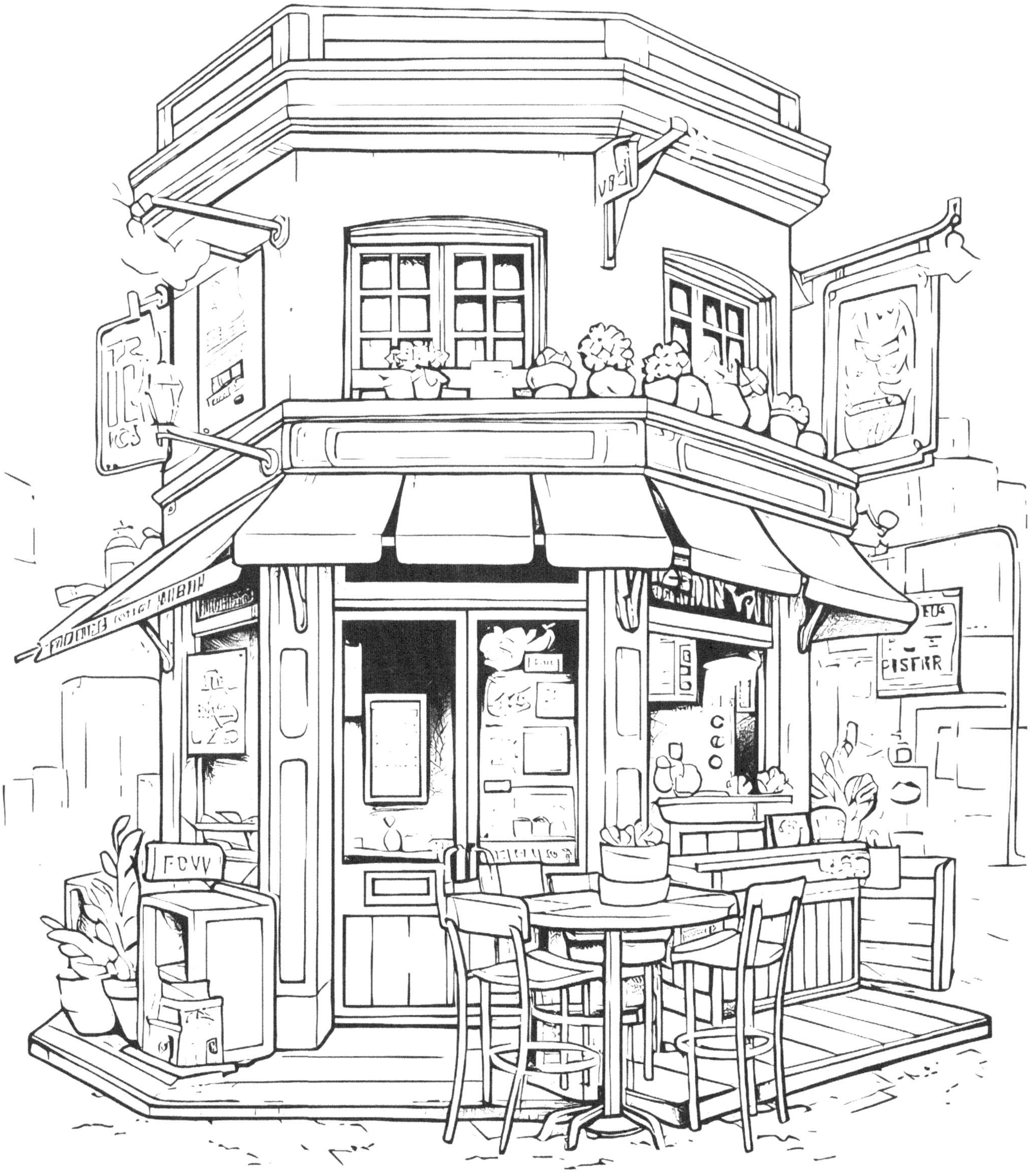

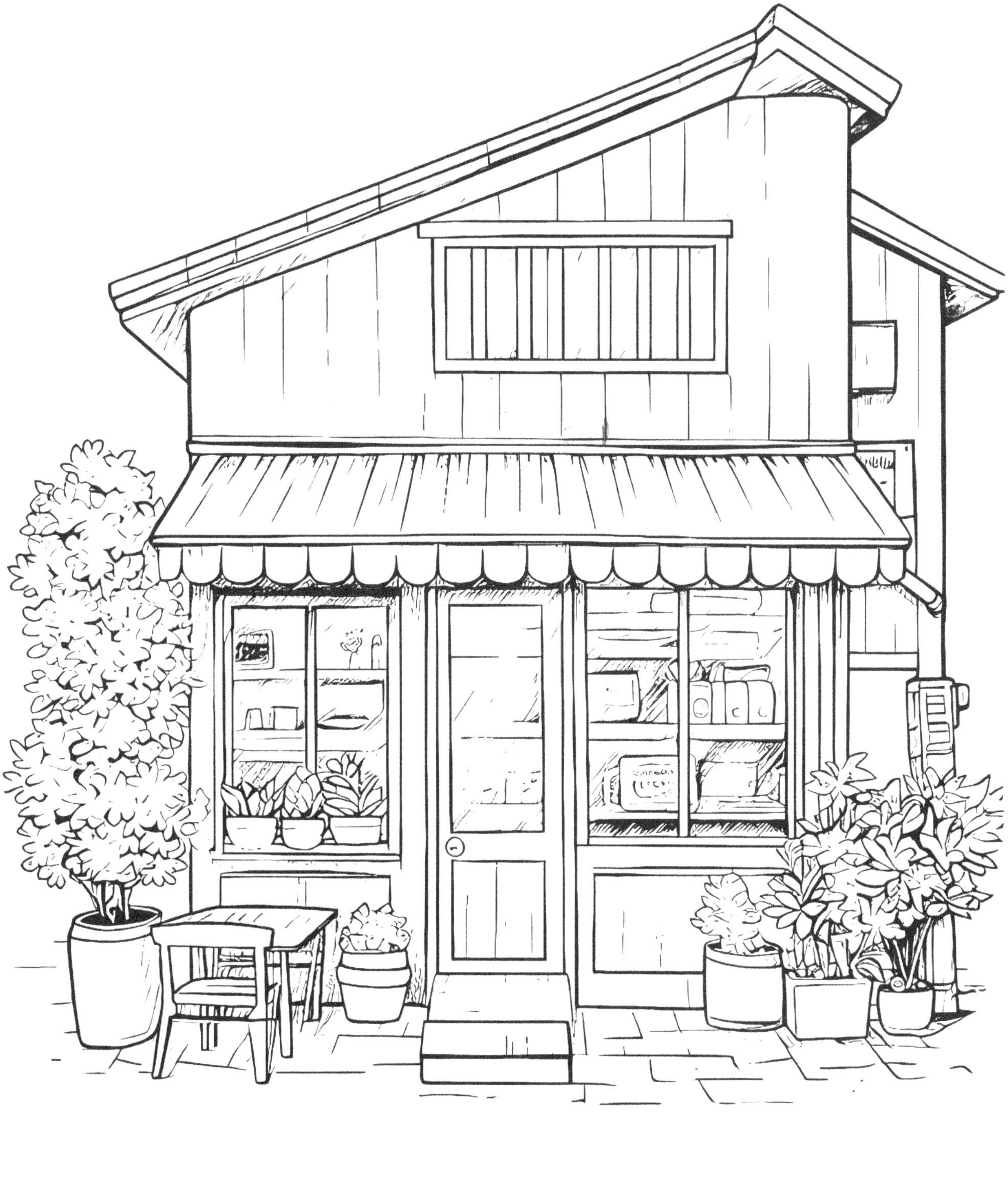

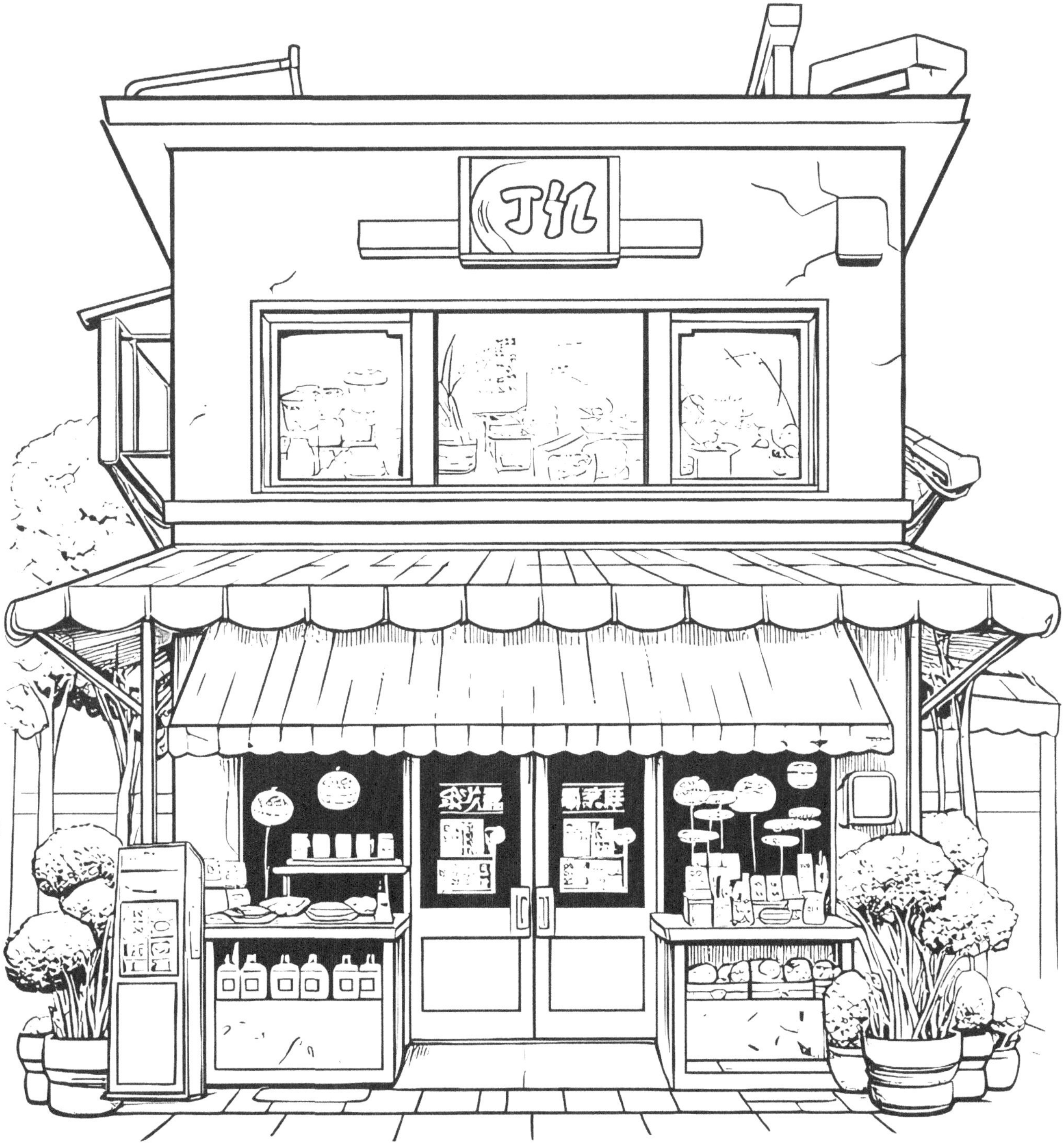

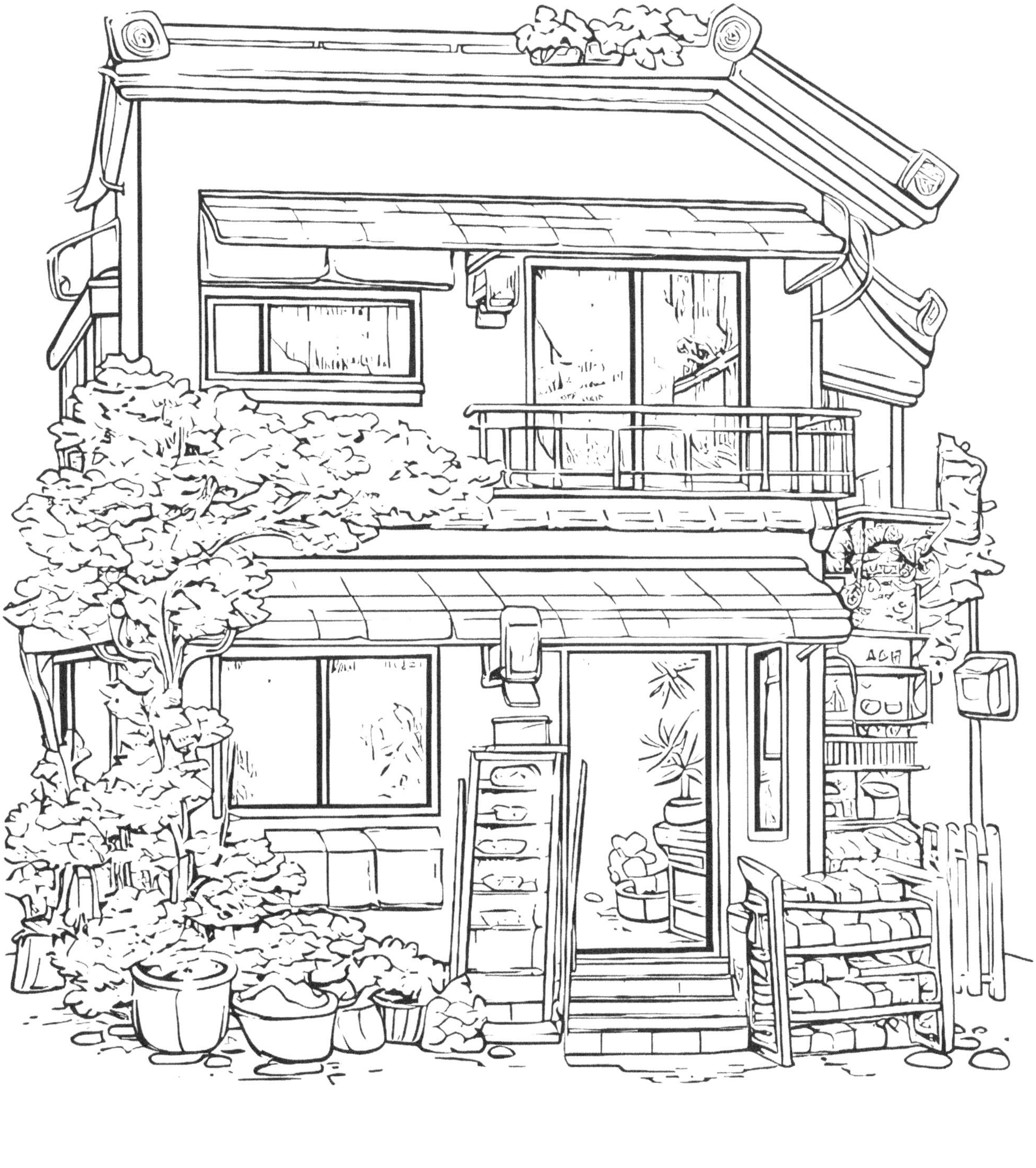

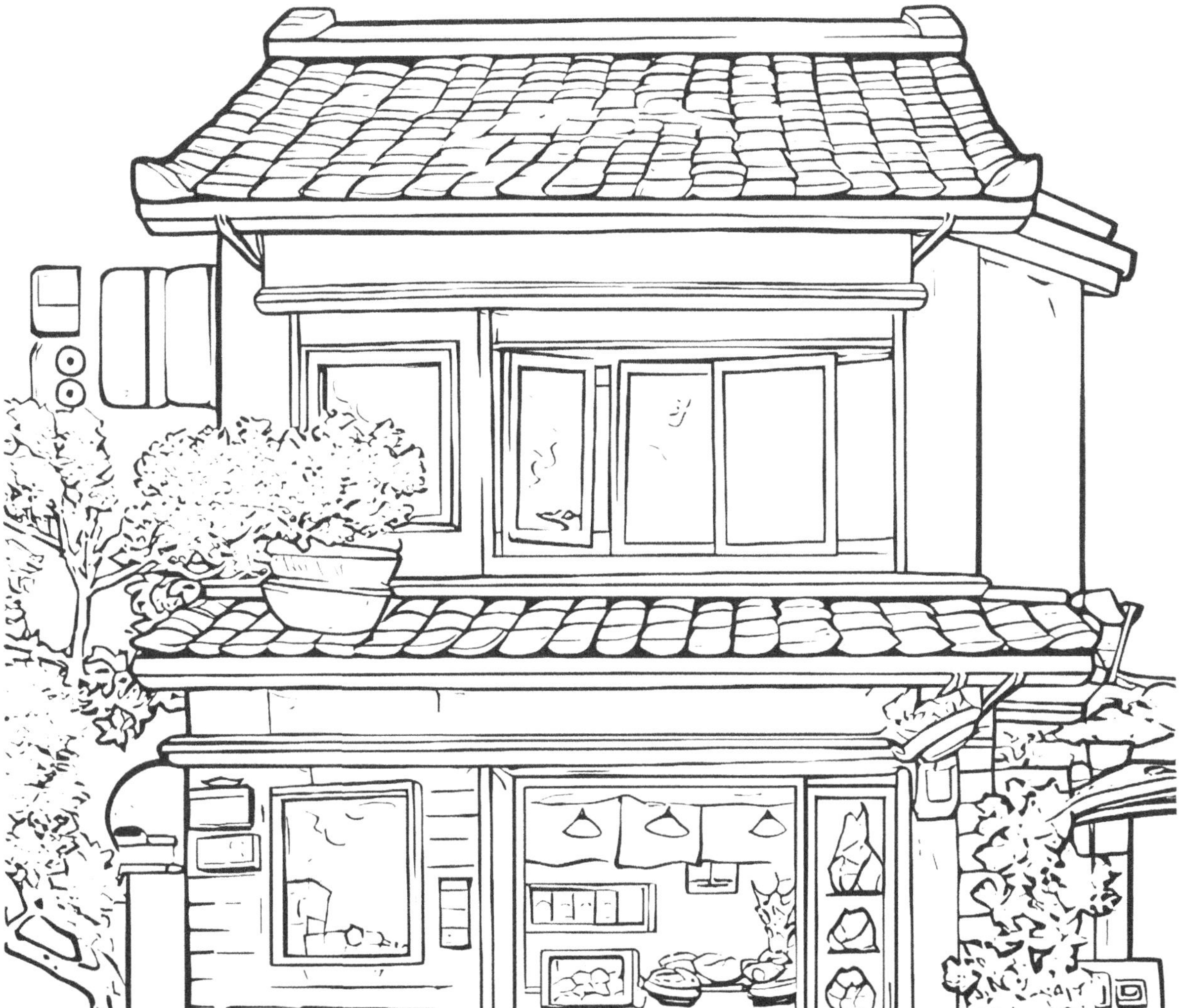

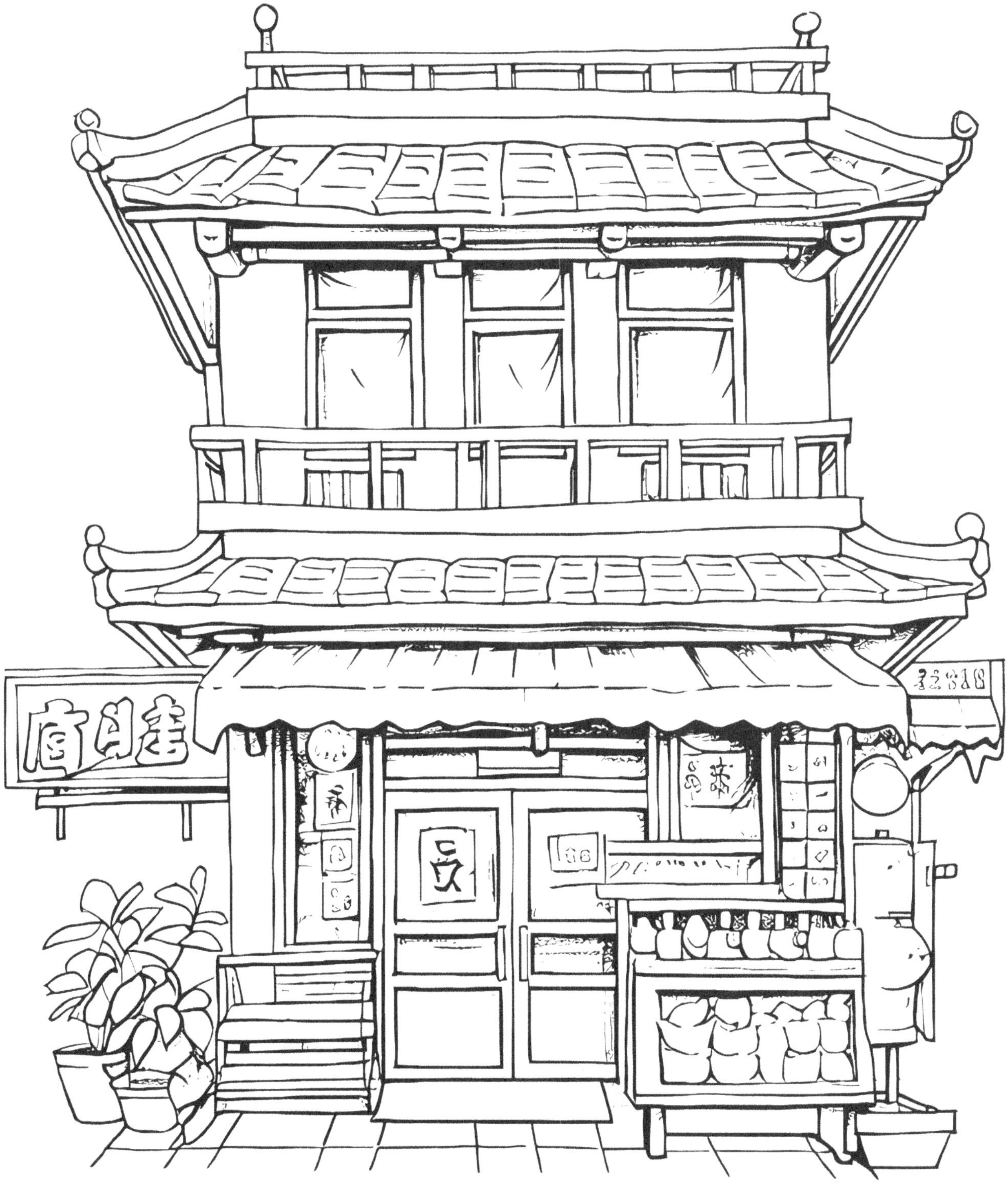

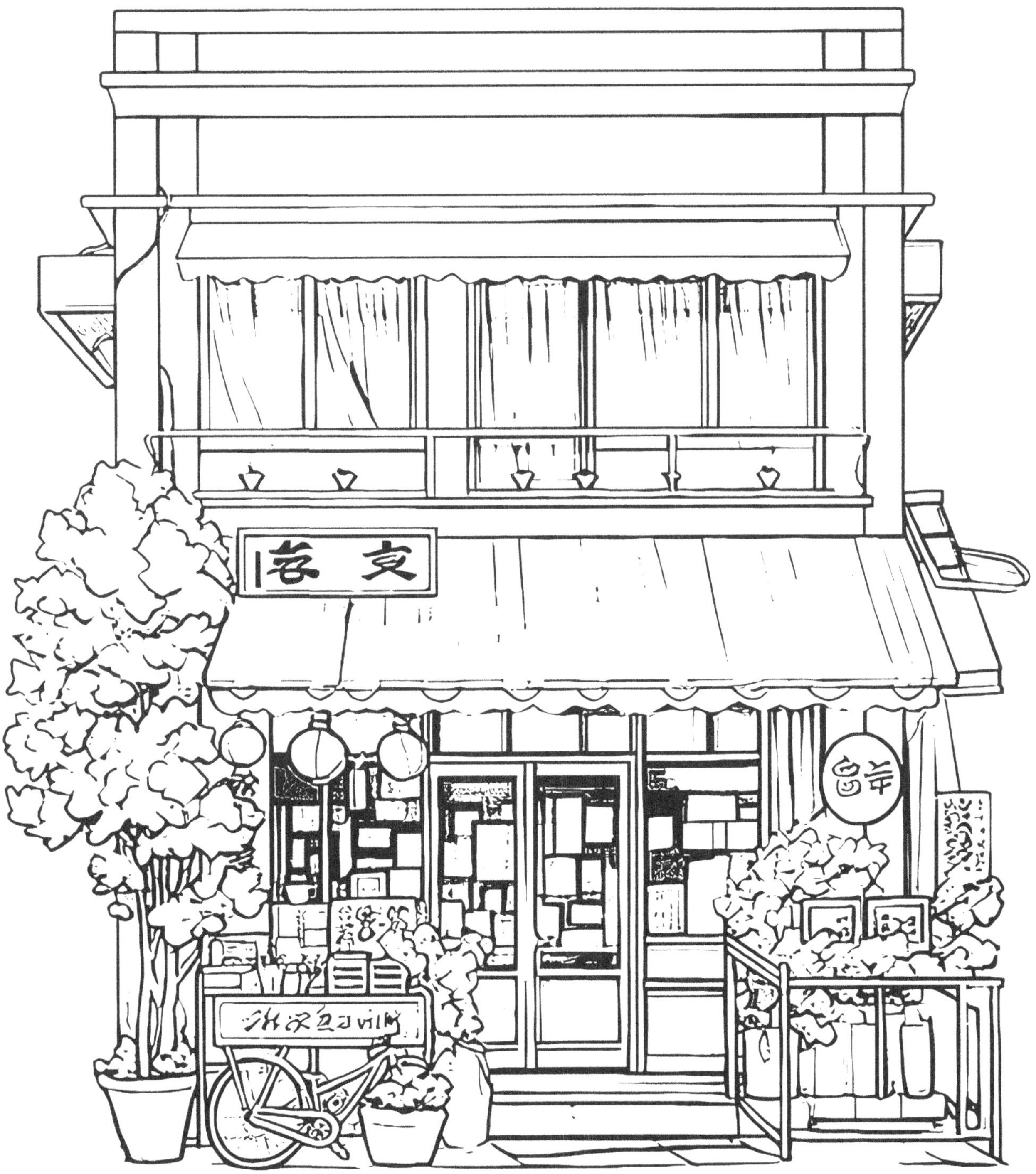

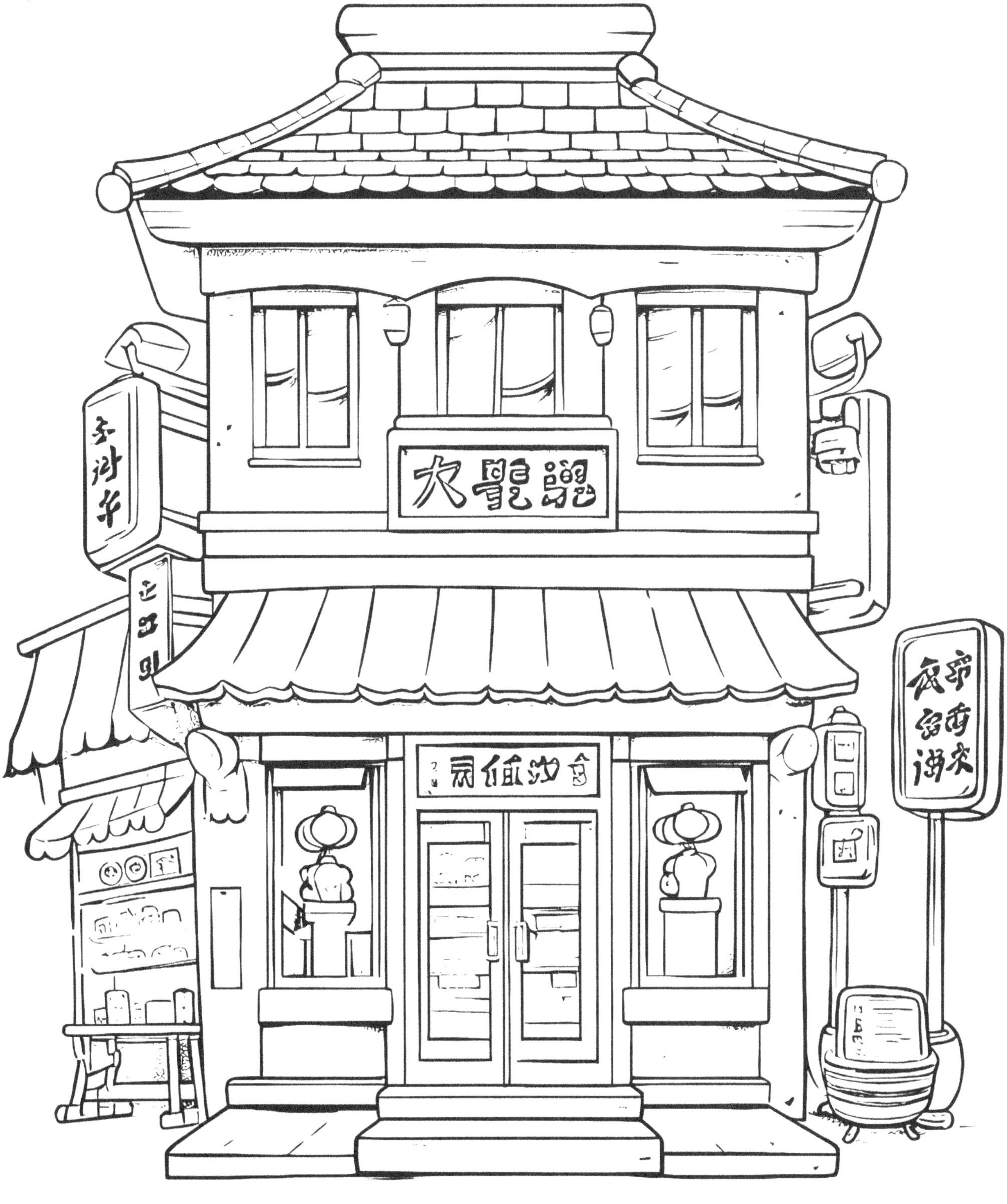

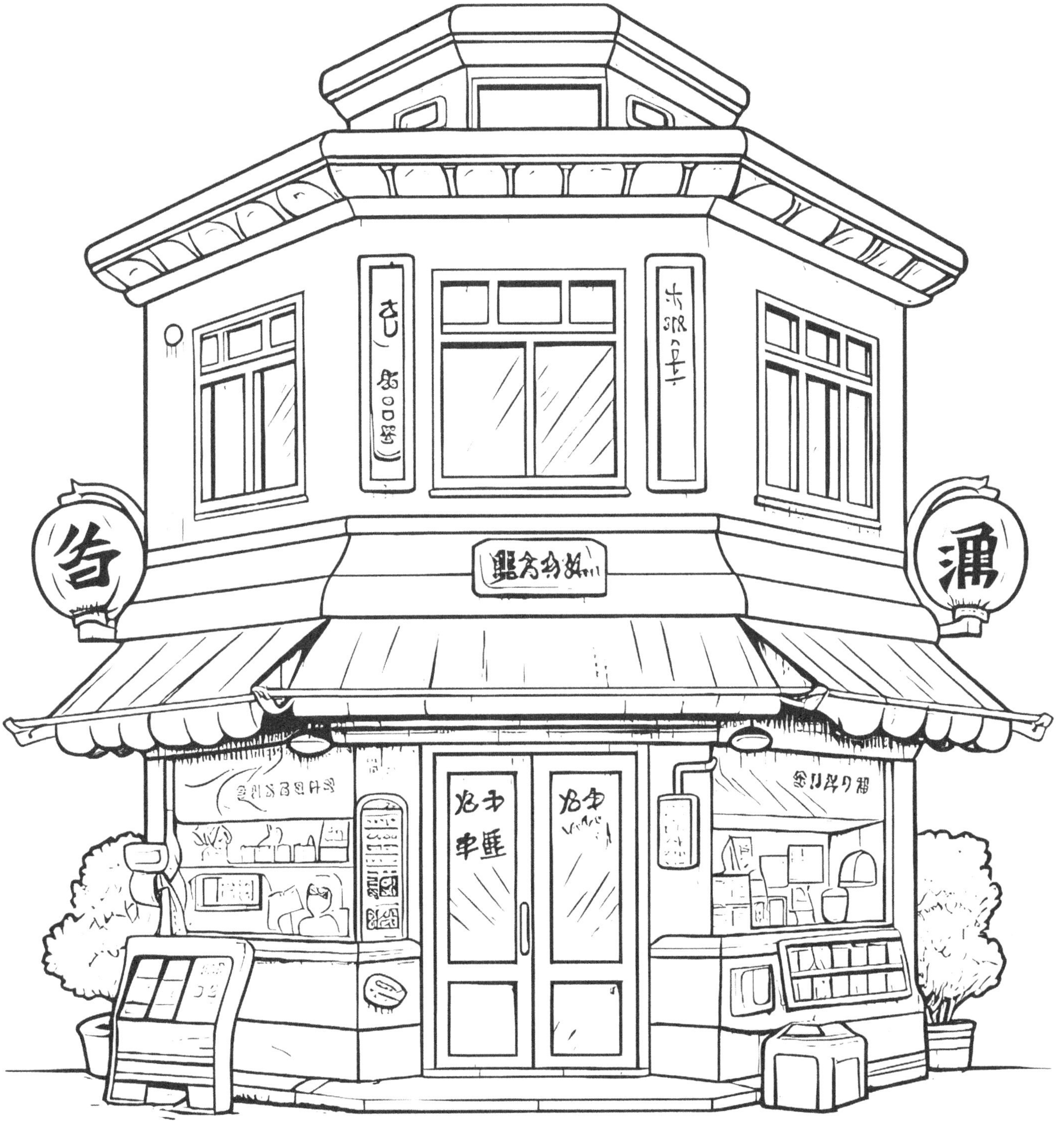

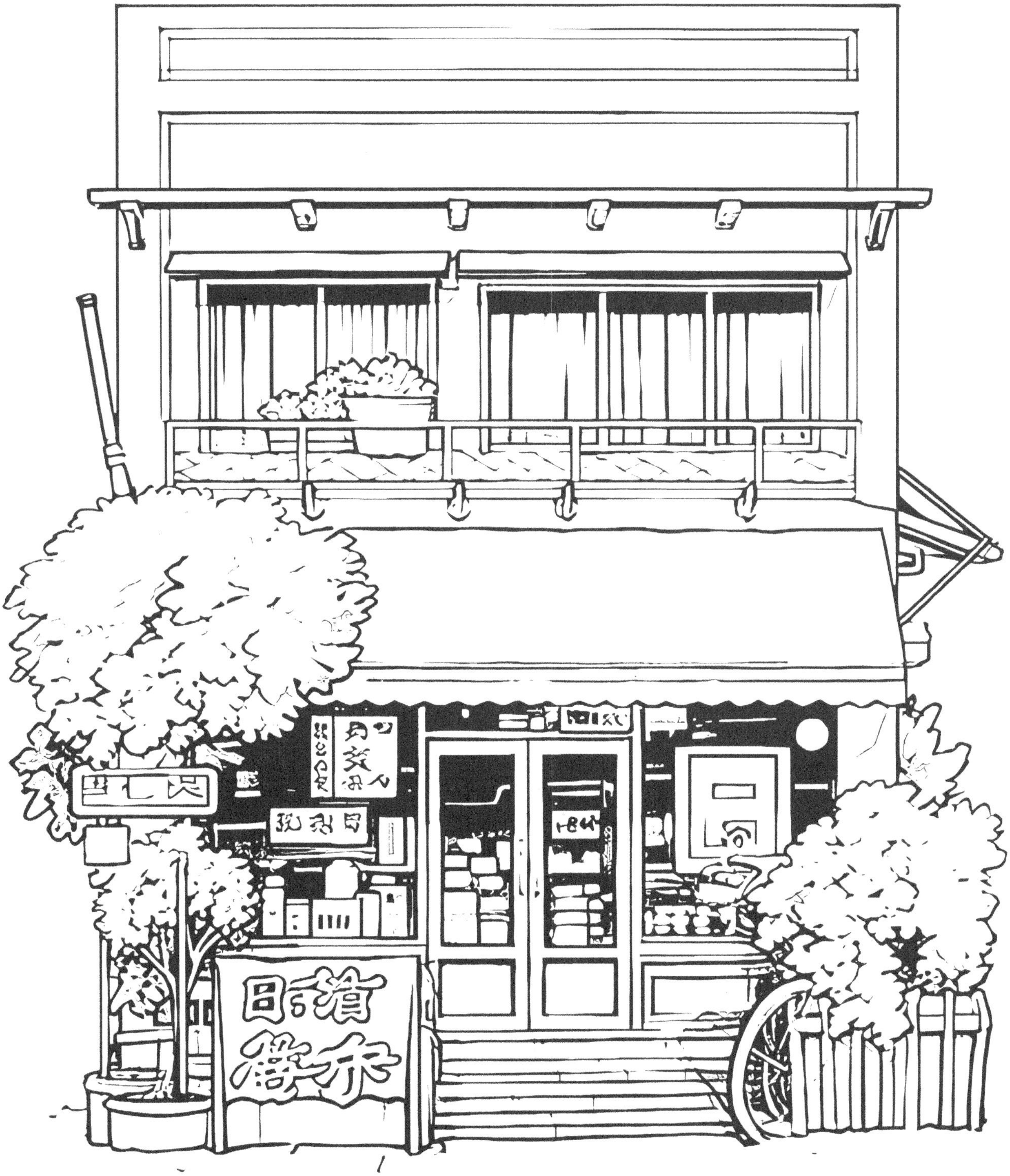

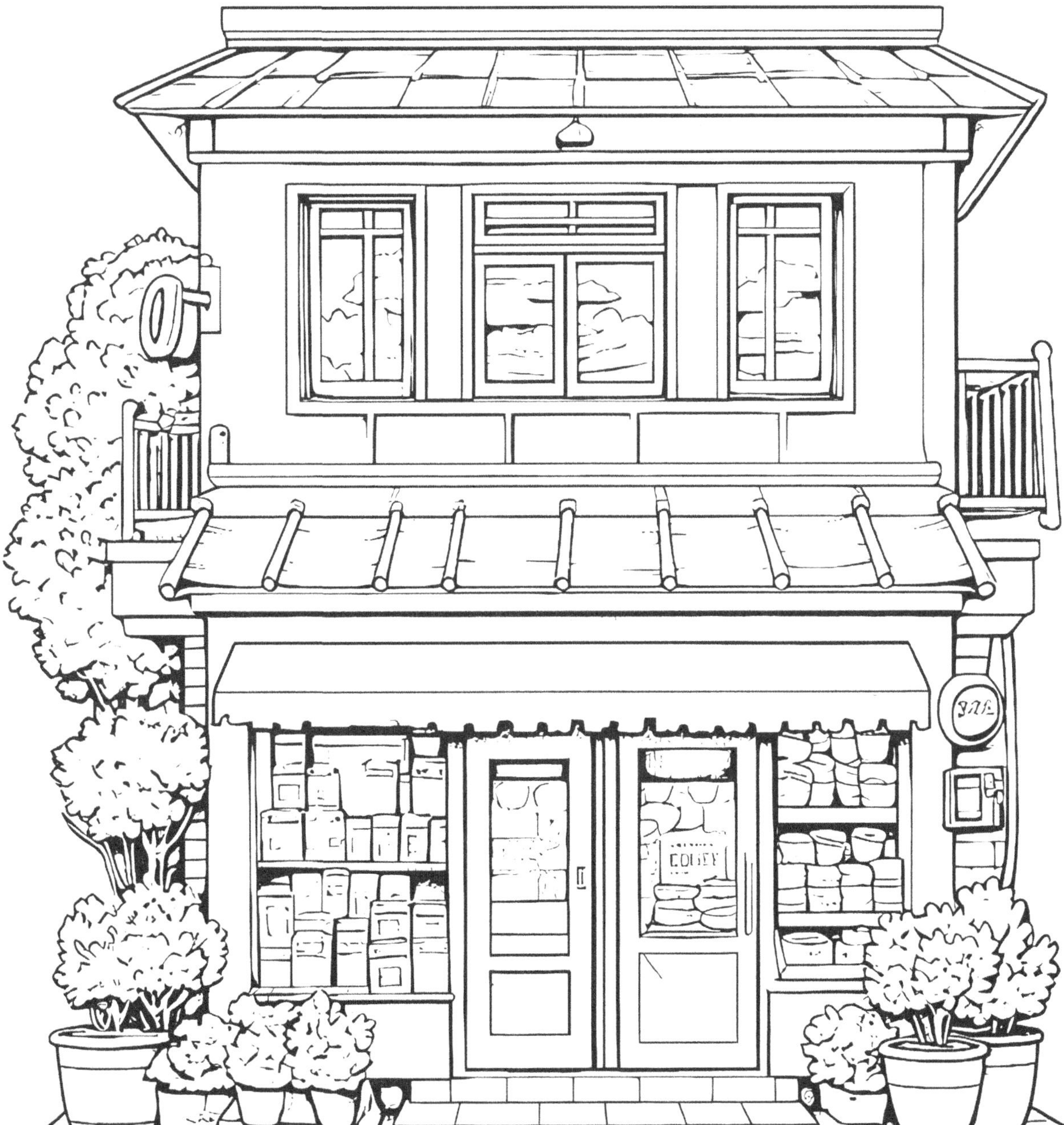

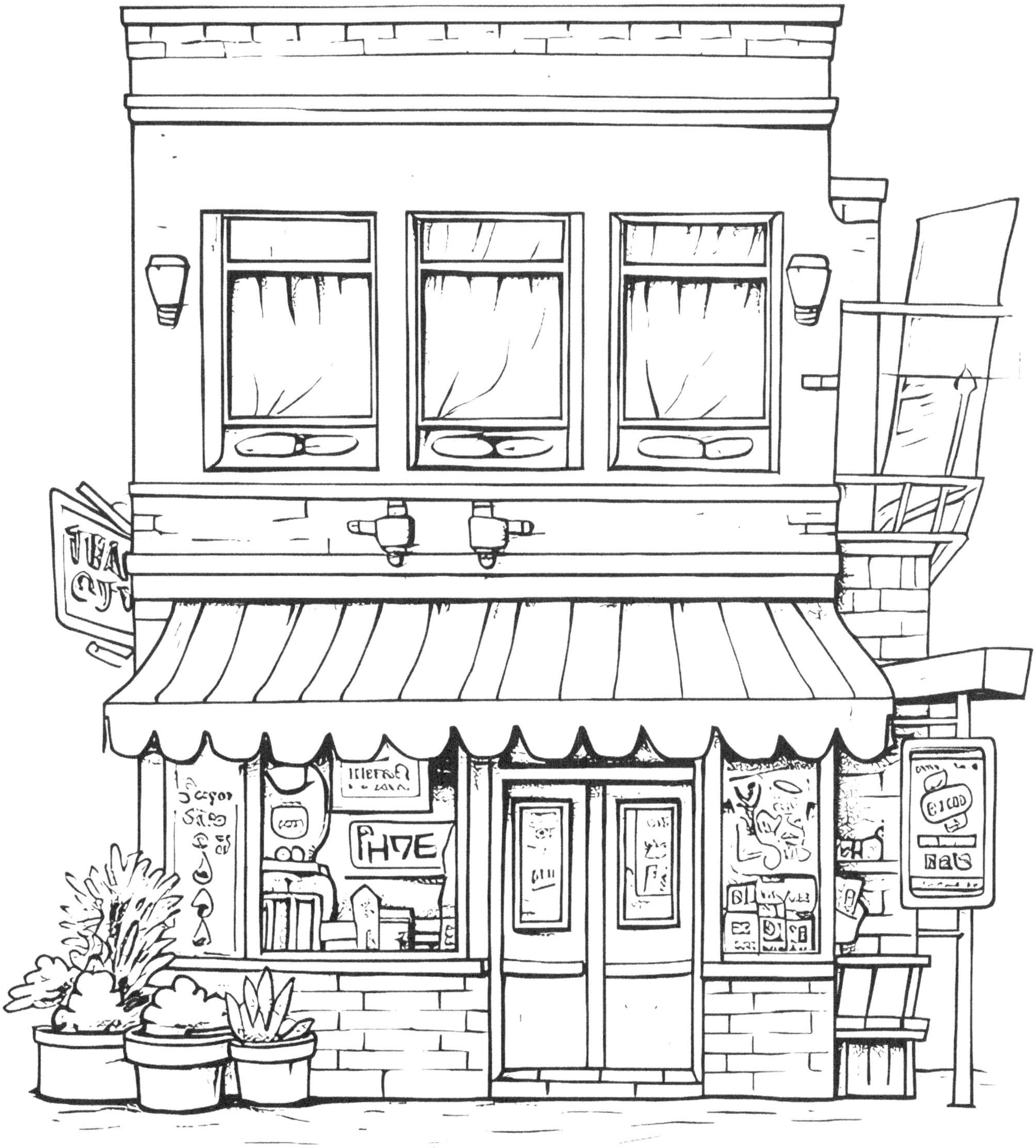

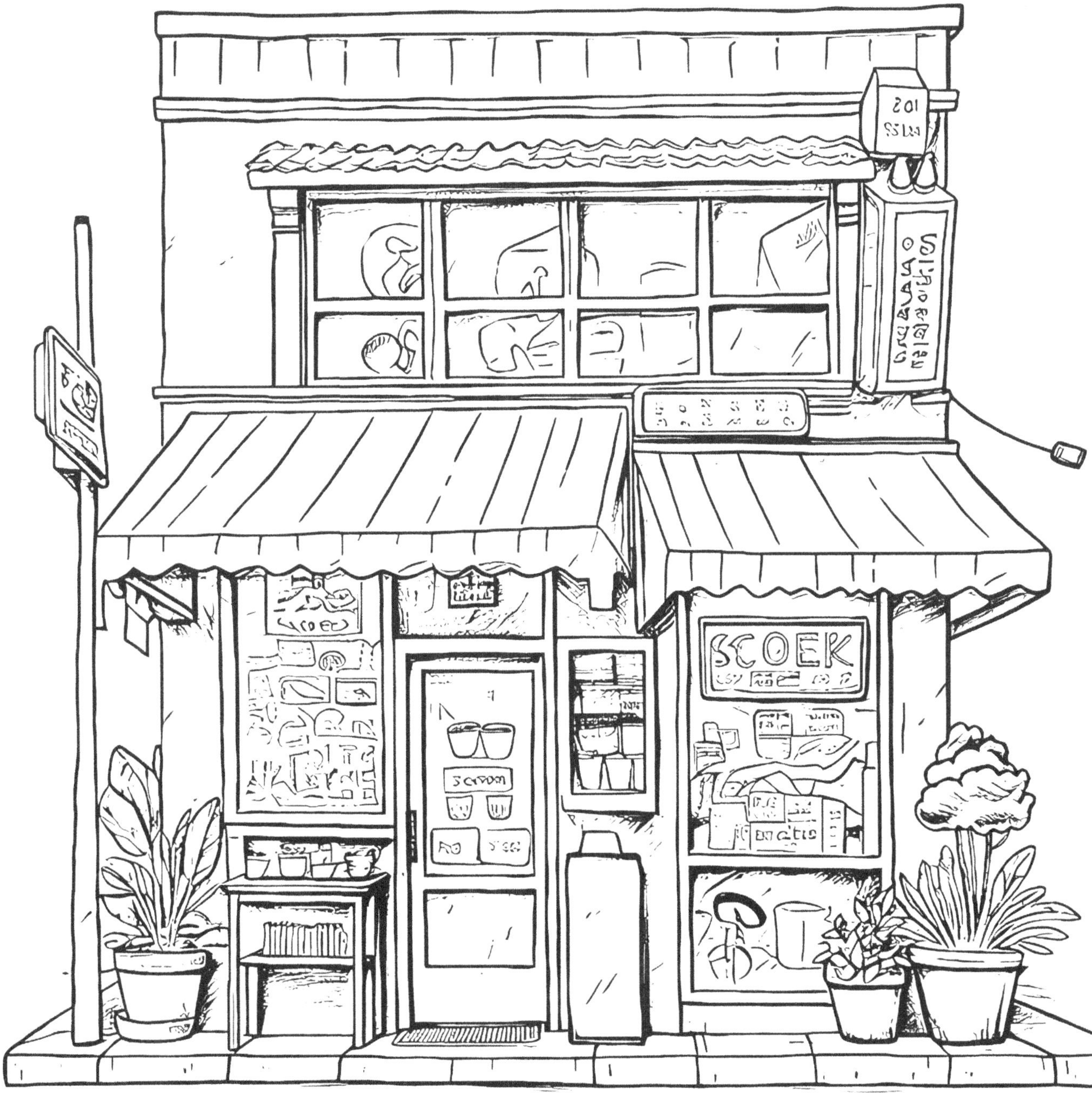
SCOEK

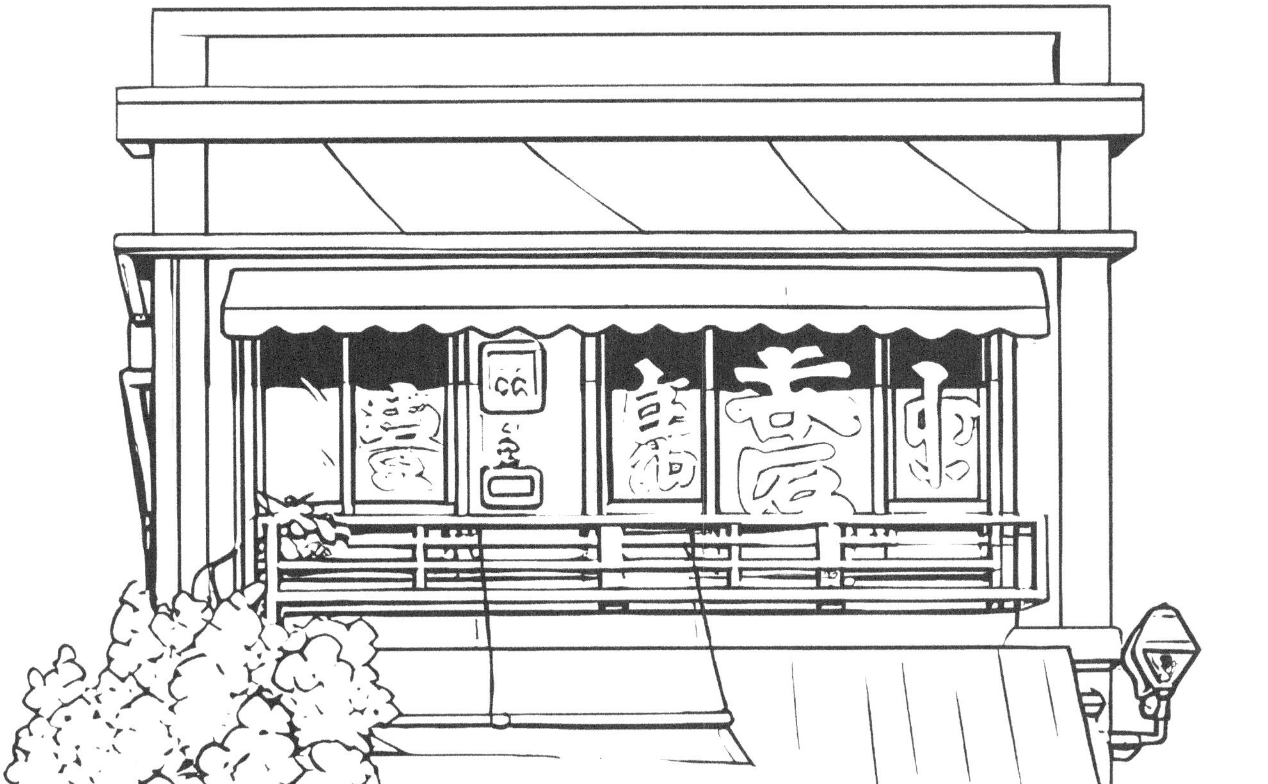

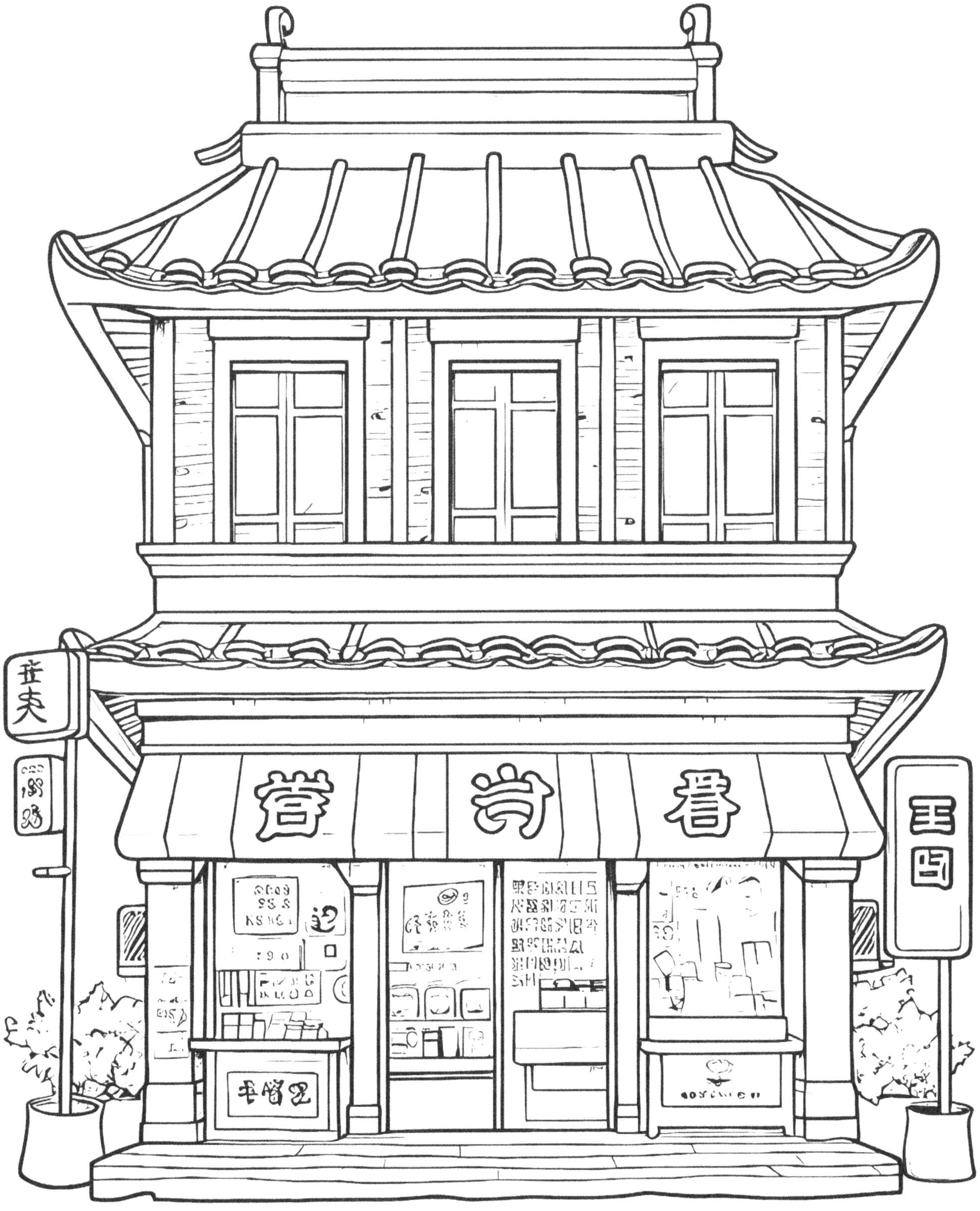

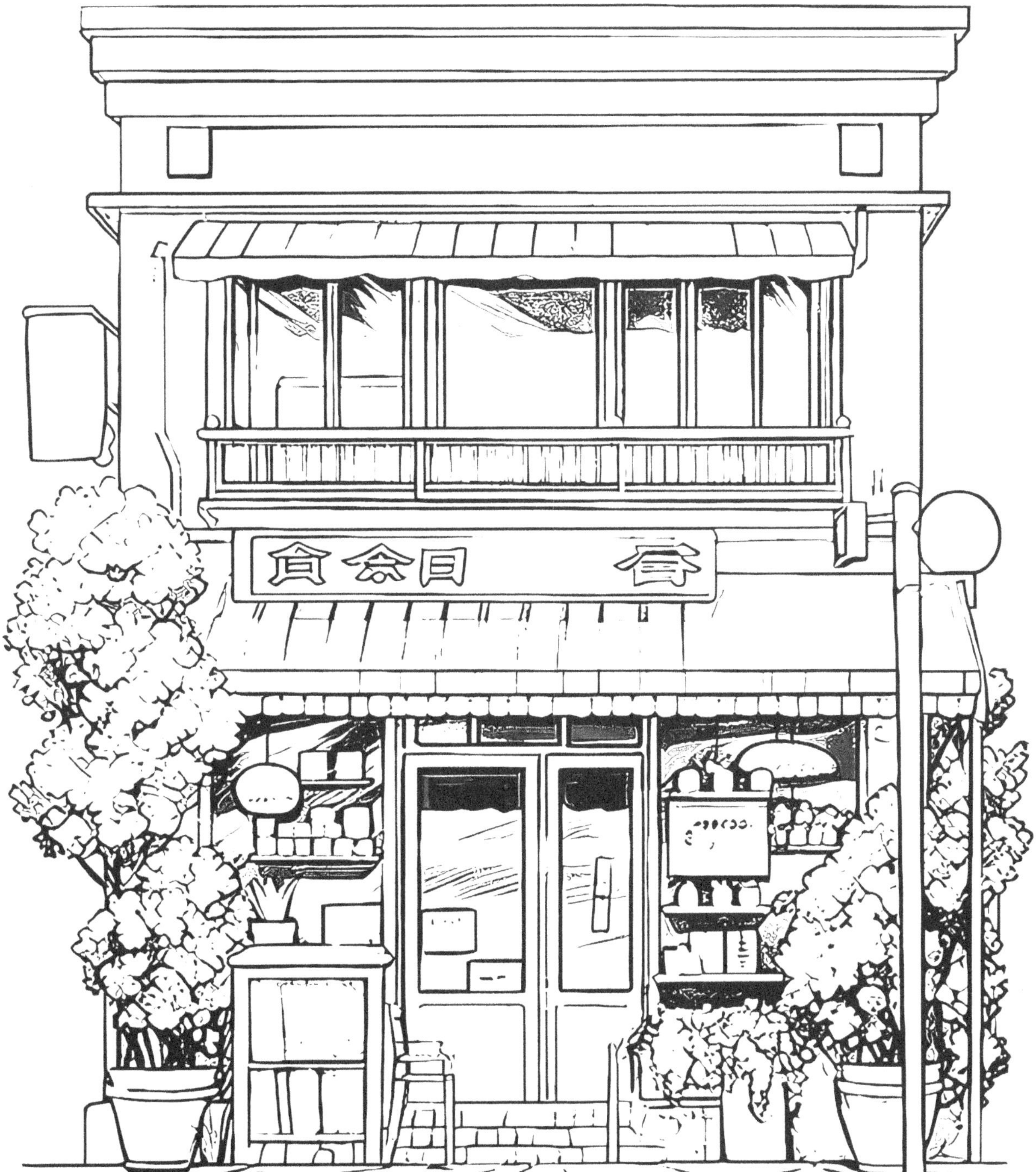

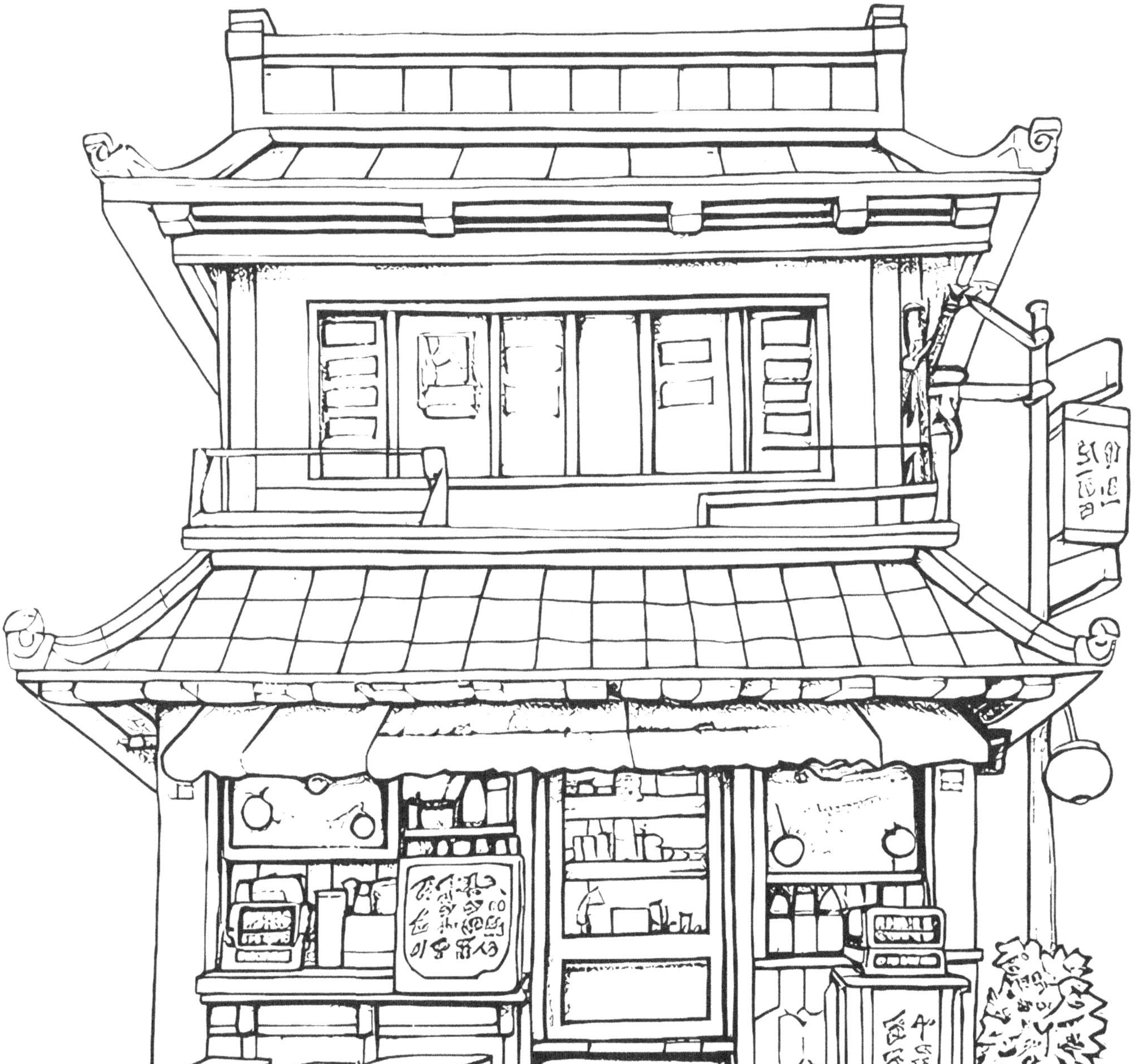

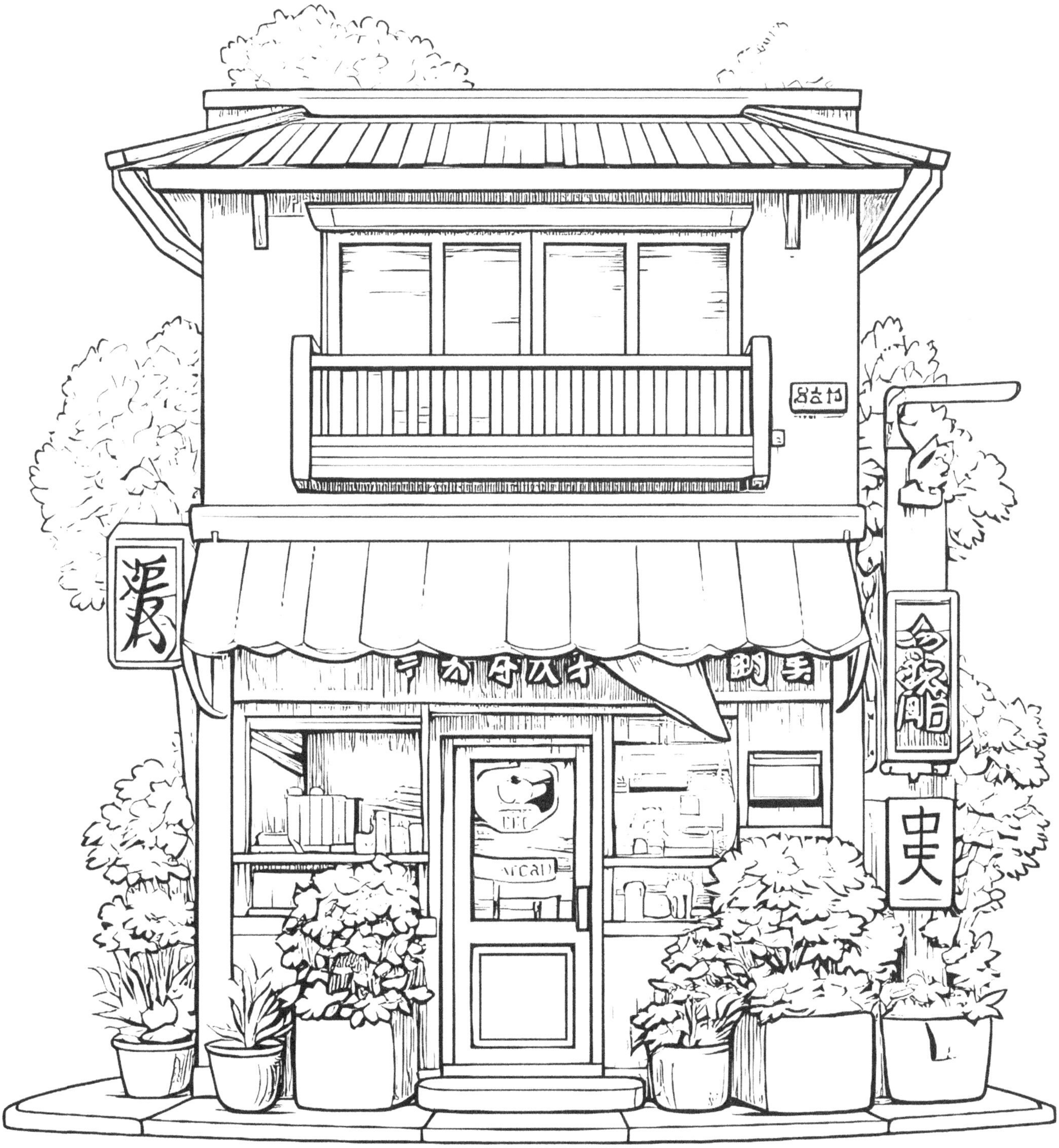

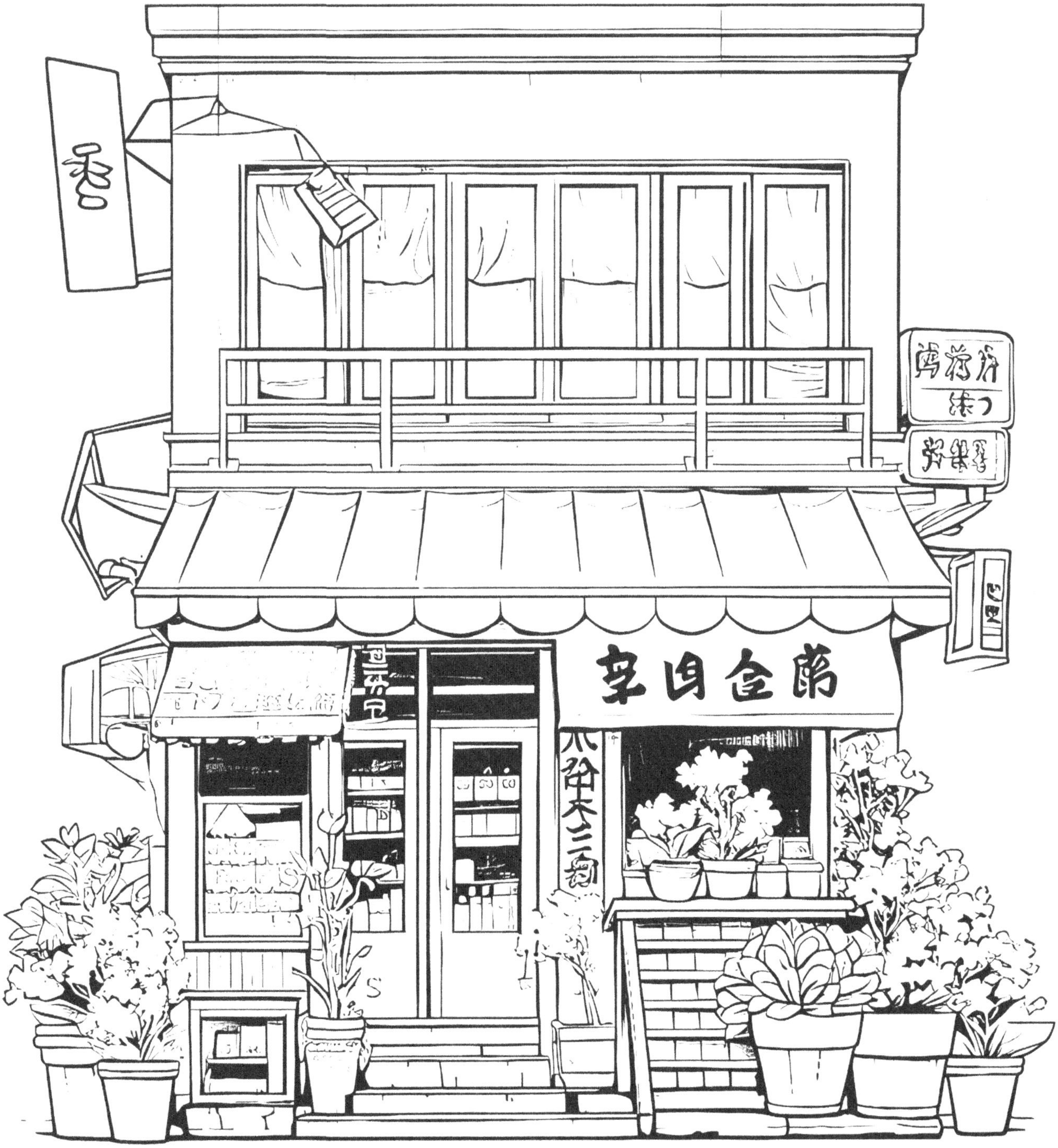

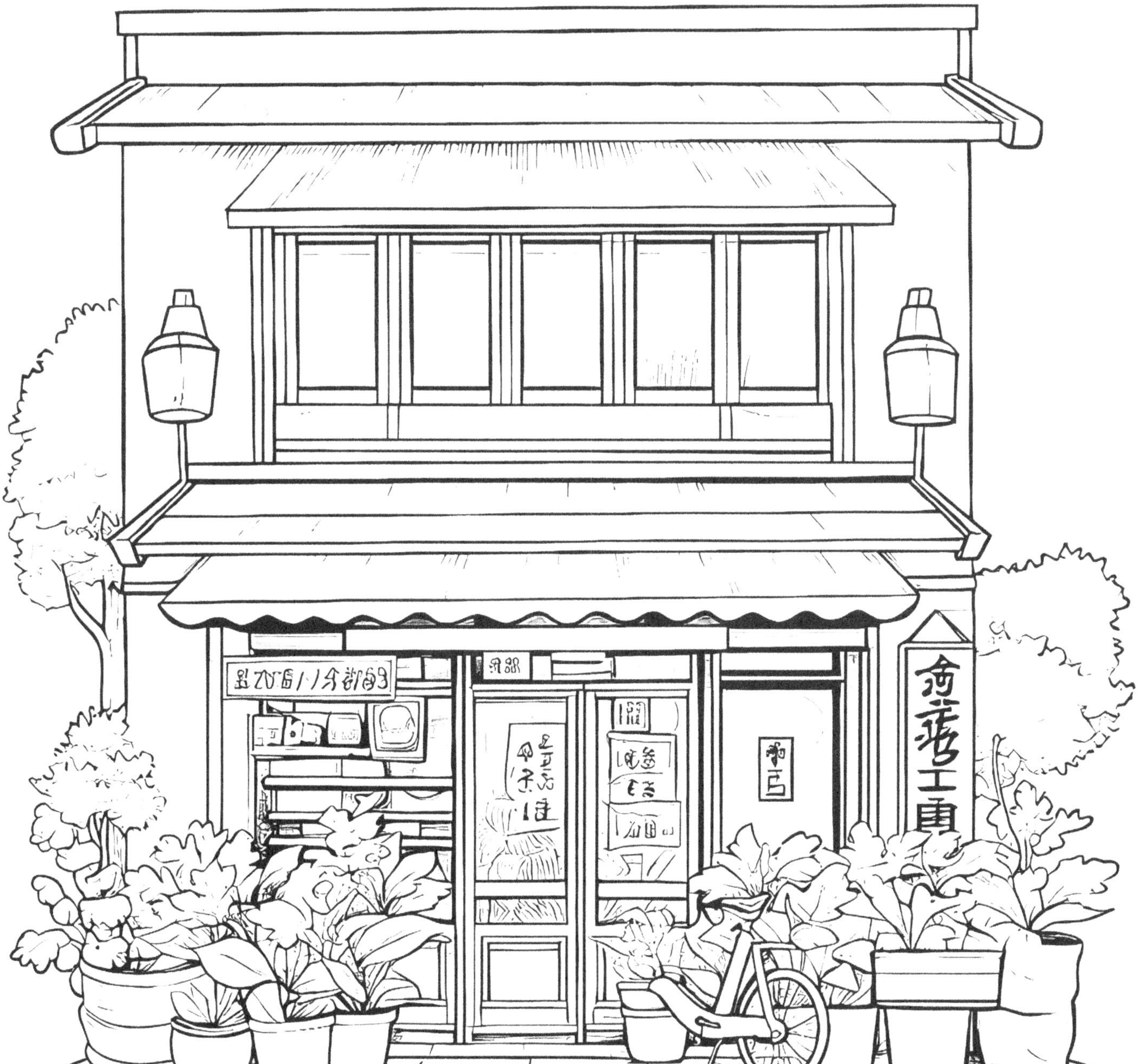

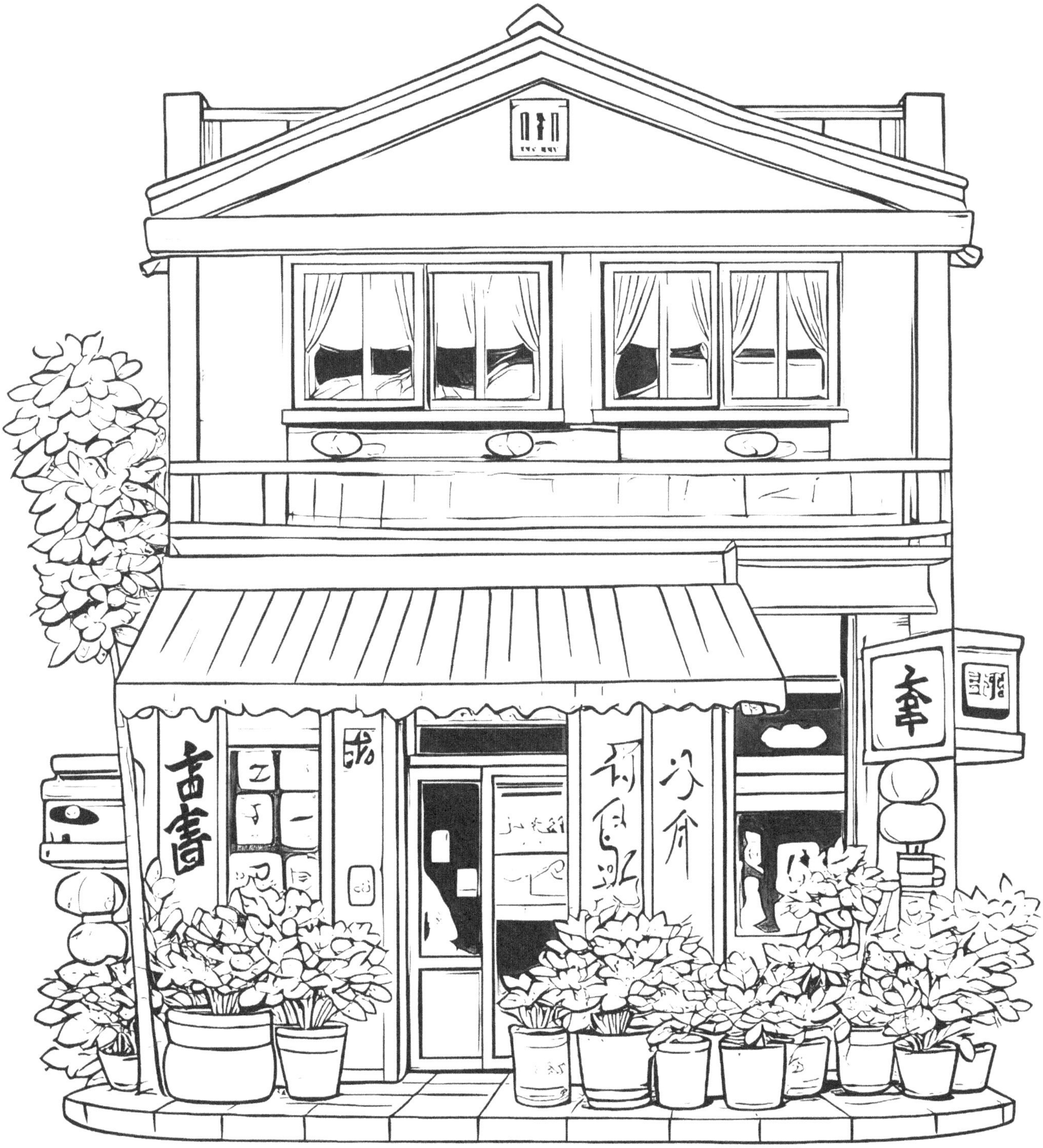

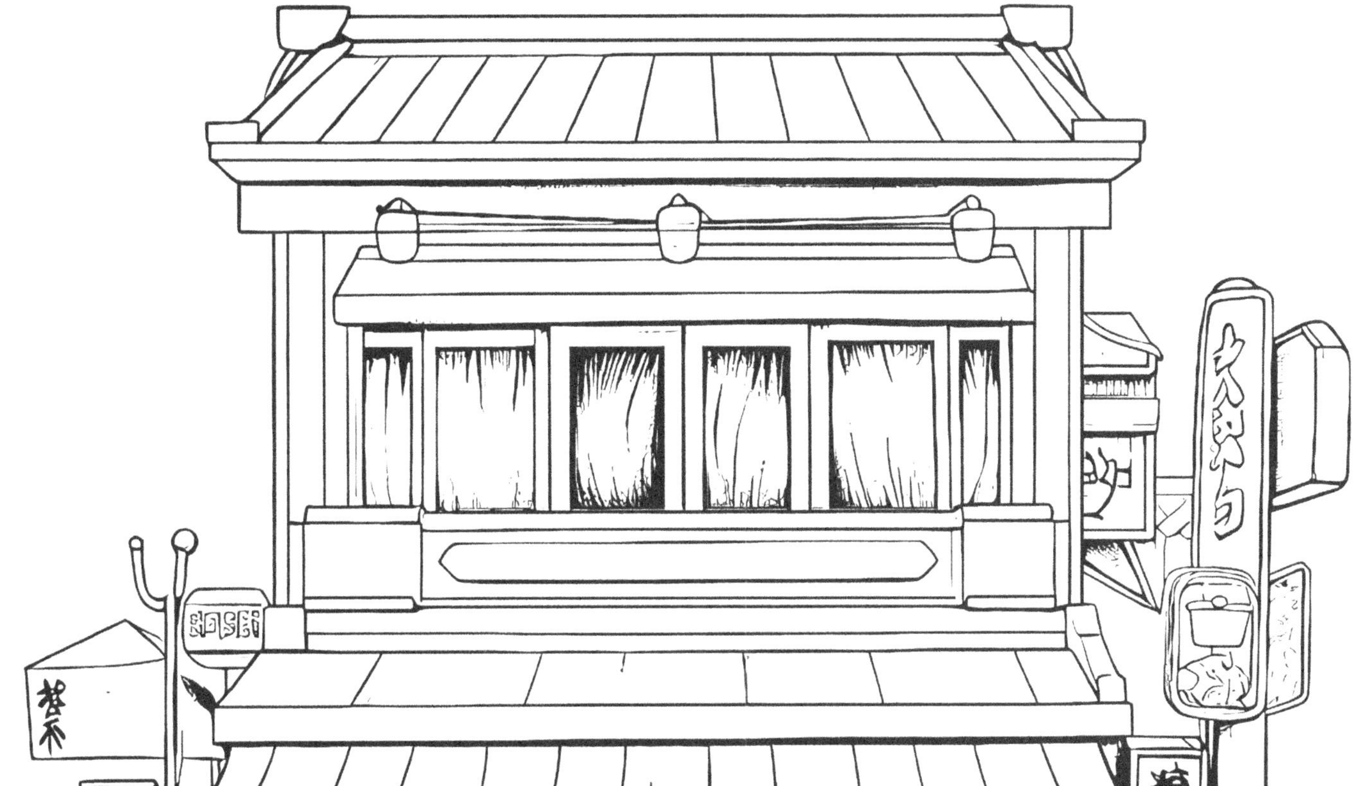

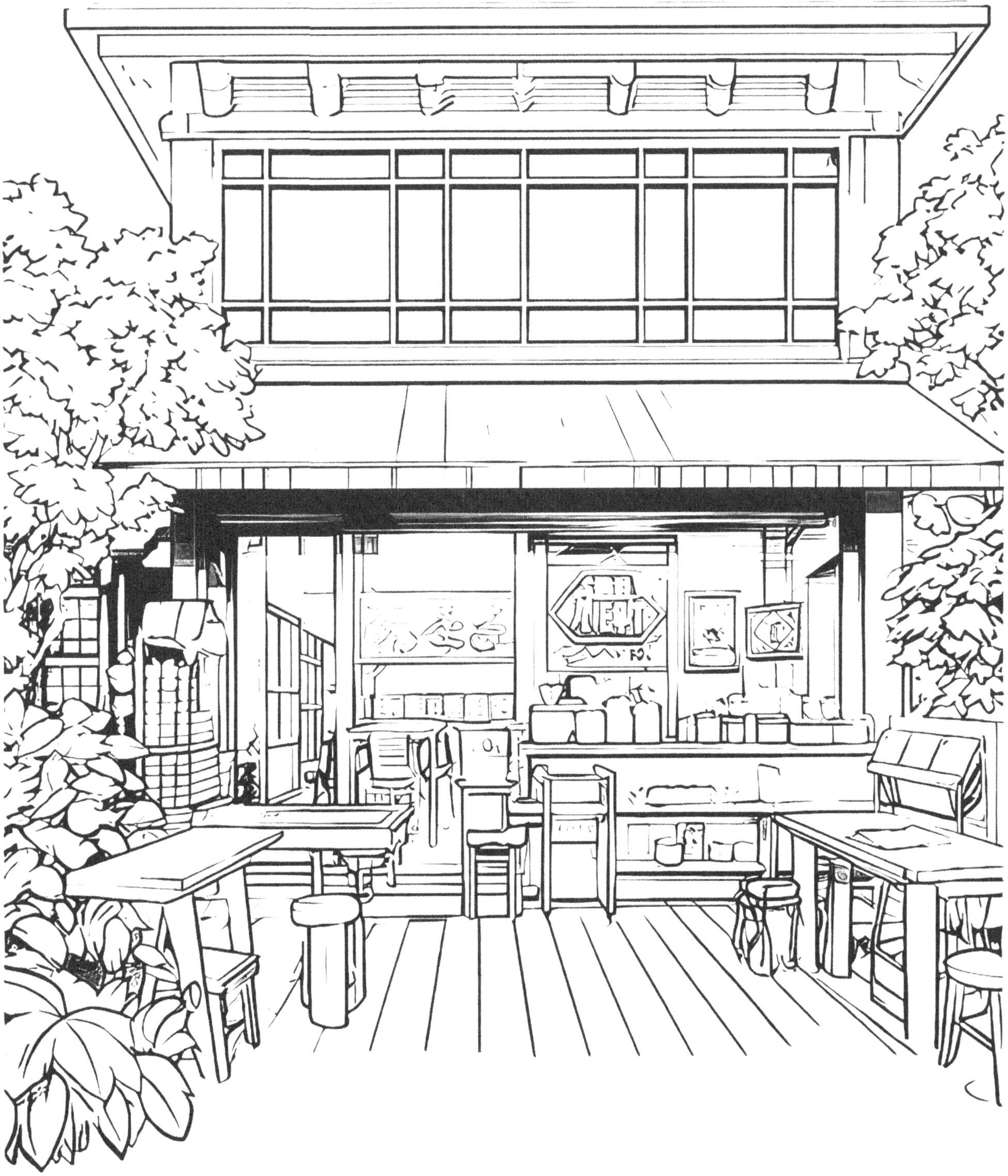

Made in United States
Orlando, FL
23 March 2025

59744939R00057